MENTORING

*Como Desenvolver o Comportamento
Bem-Sucedido do Mentor*

Tradução
Nilza Freire

GORDON F. SHEA

MENTORING

*Como Desenvolver o Comportamento
Bem-Sucedido do Mentor*

Copyright© 2001 by Crisp Publication, Inc.

Todos os direitos desta edição reservados à Qualitymark Editora Ltda.
É proibida a duplicação ou reprodução deste volume, ou parte do mesmo,
sob qualquer meio, sem autorização expressa da Editora.

Direção Editorial	Produção Editorial
SAIDUL RAHMAN MAHOMED	EQUIPE QUALITYMARK
editor@qualitymark.com.br	
Capa	Editoração Eletrônica
WILSON COTRIM	EQUIPE QUALITYMARK

CIP-Brasil. Catalogação-na-fonte
Sindicato Nacional dos Editores de Livros, RJ

S543m

Shea, Gordon F., 1925-

Mentoring: como desenvolver o comportamento bem-sucedido do mentor / Gordon F. Shea; tradução [da ed. original revista] Nilza Freire. – Rio de Janeiro: Qualitymark Ed., 2001.

Tradução de: Mentoring

ISBN 85-7303-309-6

1. Aconselhamento nos negócios. 2. Aconselhamento nas profissões. 3. Empregados – Treinamento. 4. Aconselhamento de empregados. I. Título.

01-1091

CDD 650.1
CDU 65.012.48

2001
IMPRESSO NO BRASIL

Qualitymark Editora Ltda.
Rua Teixeira Júnior, 441
São Cristóvão
20921-400 – Rio de Janeiro – RJ
Tel.: (0XX21) 3860-8422

Fax: (0XX21) 3860-8424
www.qualitymark.com.br
E-Mail: quality@qualitymark.com.br
QualityPhone: 0800-263311

APRENDENDO OS OBJETIVOS DE:

Mentoring: Um Guia Prático

Os objetivos da obra *Mentoring*: Um Guia Prático estão listados abaixo. Eles foram desenvolvidos para orientar você, leitor, através de temas centrais abordados neste livro.

Objetivos

1) Explicar como qualquer um é capaz de auxiliar o desenvolvimento de outra pessoa.

2) Sugerir os tipos de comportamento que o mentor deve adotar ou evitar.

3) Demonstrar como o *mentoring* ocorre na atualidade dentro do ambiente de trabalho.

INTRODUÇÃO

Este livro apresenta uma base sólida para o desenvolvimento bem-sucedido da técnica de *mentoring*. Ele permite ao leitor identificar e avaliar suas próprias experiências neste campo – como mentor ou mentoreado – bem como utilizar o *mentoring* como uma ferramenta capacitadora para o funcionário motivado e para o desenvolvimento pessoal. Este livro também lida com alguns aspectos práticos do *mentoring*, isto é, o que o torna tão especial, avaliando as probabilidades e o interesse que o mentor demonstra em investir no relacionamento, e os desafios do *mentoring* diante de diversas situações específicas atuais e futuras – incluindo o *mentoring* entre supervisor/funcionário, entre culturas ou gêneros.

As seções explicativas do livro lidam com a assimilação das necessidades do receptor, comportamento positivo do mentoreado, os tipos de comportamentos a serem evitados e as formas de otimizar a relação mentor/mentoreado a curto e longo prazos.

Essa edição pode ser utilizada como um livro de trabalho para o estudo do *mentoring* ou ainda como uma seqüência de exercícios prévios ou posteriores ao curso de *mentoring*. Muitos dos exercícios oferecidos representam material para discussão em classe ou em grupo.

Gordon F. Shea
Gordon F. Shea

ÍNDICE

Capítulo 1 A ARTE DO *MENTORING* 1
    As origens do mentor 3
    Você já foi mentoreado? 4
    Agentes Colaboradores 5
    Novas Visões 7
    Como agem os mentores 10
    Colaboradores especiais 13

Capítulo 2 O *MENTORING* É INDICADO PARA VOCÊ? 17
    Investindo em outra pessoa 19
    Seu investimento no *mentoring* 20
    O mentor liberal 22
    Autodesenvolvimento do mentor 24
    Estilos de *mentoring* 25

Capítulo 3 ENTENDENDO AS NECESSIDADES DO MENTOREADO 29
    Adaptando para mudar 31
    Interpretando os sinais do mentoreado 32
    Gerenciando mudanças 35
    Atendendo as necessidades do mentoreado 36
    Estabelecendo parâmetros mútuos 38

Capítulo 4 ESTABELECENDO COMPORTAMENTO POSITIVOS 41
    Sete tipos de assistência do mentor 43
    Influência no crescimento 44
    Troca de Contexto 45
    Visualizando resultados 46
    Sabendo ouvir 47
    Confrontação Produtiva 51

Capítulo 5 COMPORTAMENTOS A SEREM EVITADOS 55
    Comportamentos negativos 57
    O problema da crítica 59

O problema com o aconselhamento 61
O problema com o auxílio 63

Capítulo 6   GANHOS PARA O MENTOR E MENTOREADO 67
Parceria 69
Ganhos antecipados 71
Calculando as expectativas pessoais 72
Desenvolvendo um acordo entre mentor e mentoreado 75

Capítulo 7   SITUAÇÕES ESPECIAIS 79
Novas áreas do *mentoring* 81
Identificando os pontos especiais 82
Mentoring intergêneros 83
Mentoring intercultural 85
Mentoring através do supervisor ou gerente 87

RESUMO 89

men.tor/'men-,to∝r, 'ment-ɐr/*n*[L,fr.Gk *Mentor*] **1** *cap***:** um amigo de Odisseu encarregado da educação de Telêmaco **2:** um conselheiro ou guia **3:** TUTOR, *COACH*.

ESTÁ SURGINDO UMA NOVA FORMA DE *MENTORING* MAIS ADEQUADA ÀS EMPRESAS COMPACTADAS, DE ALTA TECNOLOGIA E GLOBALMENTE COMPETITIVAS QUE EMERGEM EM NOSSA SOCIEDADE.

O CONCEITO DE *MENTORING* NÃO CORRESPONDE MAIS ÀS ALTIVAS ORGANIZAÇÕES HIERÁRQUICAS. A CONCEPÇÃO DE OUTRORA ERA PATERNALISTA E ACALENTAVA O *STATUS QUO*.

NOS TEMPOS DE HOJE O *MENTORING* É VISTO COMO UM PROCESSO ATRAVÉS DO QUAL O MENTOR E MENTOREADO LABORAM JUNTOS PARA DESCOBRIR E DESENVOLVER AS HABILIDADES LATENTES DO MENTOREADO.

A META PRECÍPUA NÃO É ALCANÇAR UM DETERMINADO POSTO DENTRO DA ORGANIZAÇÃO. AO INVÉS DISSO DÁ-SE PREFERÊNCIA À CAPACITAÇÃO DO MENTOREADO MEDIANTE O DESENVOLVIMENTO DE SUAS HABILIDADES.

CAPÍTULO 1

A Arte do *Mentoring*

AS ORIGENS DO MENTOR

As origens do Mentor remontam à *Odisséia* de Homero. Quando Odisseu, Rei de Ithaca, foi para a frente de batalha na Guerra de Tróia, conferiu os cuidados de sua família a Mentor, que trabalhava como mestre e conselheiro do filho de Odisseu, Telêmaco.

Depois da guerra, Odisseu foi condenado a vagar durante dez anos tentando voltar para casa. À época, o jovem Telêmaco, já crescido, saiu em busca de seu pai. O rapaz partiu para a jornada em companhia de Athena, Deusa da Guerra e guardiã da arte e da indústria, que assumiu a forma de Mentor.

Algumas vezes, pai e filho reuniam-se para cogitar sobre quem seriam os usurpadores do Trono de Odisseu e dos direitos sucessórios de Telêmaco. Logo a palavra *Mentor* serviria para designar um conselheiro, amigo, professor e homem sábio. A história é pródiga em exemplos de relacionamentos de *mentoring* luminares – tais como Sócrates e Platão, Hayden e Beethoven, Freud e Jung.

Mentoring é um método de vital importância para o desenvolvimento humano mediante o qual uma das partes investe seu tempo, energia e conhecimento pessoal para prestar assistência ao crescimento e talento de outrem.

A História e a lenda registram as proezas de príncipes e reis, mas cada um de nós detém o direito de explorar ao máximo nosso potencial. Os mentores são aqueles seres especiais em nossas vidas que, através de seus feitos e dedicação, nos auxiliam a seguir em frente em busca da comprovação de tudo que somos capazes de realizar.

VOCÊ JÁ FOI MENTOREADO?

Atente por um momento para as três perguntas a seguir que envolvem importantes modificações em sua vida. Quando respondê-las, não focalize os fatos exteriores. Concentre-se no desenvolvimento e nas mudanças que ocorrem em seu interior – a maneira como encara a si mesmo, aos outros e aos acontecimentos.

1. Quem possibilitou uma experiência esclarecedora que lhe permitiu assimilar o real sentido de algum fato, sobre alguém, algo ou você mesmo? Descreva a experiência no espaço abaixo.

   _____
   _____
   _____
   _____

2. Quem fez algum tipo de comentário que assumiu um importante significado para você, a ponto de influenciar seu pensamento e comportamento e o fazer repetir algumas vezes essa expressão? Descreva essa citação notável e como ela surgiu:

   _____
   _____
   _____
   _____

3. Quem o auxiliou a revelar uma faceta, aptidão ou talento seu que até aquele momento permanecia adormecido e anônimo? Descreva como ocorreu o fato:

   _____
   _____
   _____
   _____

AGENTES COLABORADORES

Mentores são colaboradores. Seus estilos podem variar desde o encorajador incansável que nos auxilia a construir autoconfiança até um supervisor de tarefas que nos ensina a admirar a excelência no desempenho. Qualquer que seja seu estilo, eles se importam conosco e com aquilo que tentamos realizar.

Podemos aprender bastante a respeito de *mentoring* a partir do exame de quem influenciou nossas vidas e as vidas de outras pessoas. A função de Mentor não se restringia a tutelar Telêmaco, mas sim a melhor *desenvolvê-lo* para enfrentar as responsabilidades que ele teria. Os mentores de hoje ainda buscam objetivos similares.

O *mentoring* é também um dos métodos mais vastos de encorajamento do desenvolvimento humano. É comum nos dias de hoje o relacionarmos às nossas carreiras, porém os mentores são capazes de tocar cada aspecto de nosso ser, se soubermos aproveitar sua influência e aplicá-la em diversos campos de nossas vidas.

Pode ser que não separemos as aspirações profissionais dos demais aspectos de nossa progressão enquanto seres humanos, cidadãos e membros de nossa organização. Para beneficiar-se do *mentoring*, uma pessoa precisa esforçar-se, entusiasmar-se, e lançar-se nas lições que seu mentor lhe oferece. O mentoreado somente irá *vivenciar* as dádivas do *mentoring* se inteirar-se de tudo que o mentor tem a lhe oferecer.

PARTINDO PARA A AÇÃO

Mentores são indivíduos que exercem em nós uma influência auxiliadora especial ou memorável. Em cada um dos campos abaixo, escreva o nome de uma pessoa que o influenciou dessa forma. Você pode atribuir-lhe um nome codificado ou utilizar apenas o primeiro nome, caso deseje. Caso não lhe ocorra o nome de ninguém para indicar em um dos setores, prossiga e volte depois, se for o caso.

Mentores que deram contribuição significante para nosso:

- Conhecimento sobre como funcionam os sistemas sociais, procedimentos e assuntos correlatos
  _____

- Valores
  _____

- Competência técnica
  _____

- Construção do caráter
  _____

- Noção de comportamento em sociedade
  _____

- Compreensão do mundo à nossa volta
  _____

- Compreensão de como executar tarefas dentro de nossa organização ou através dela
  _____

- Desenvolvimento moral
  _____

- Saúde e preparo mental e físico
  _____

- Compreensão quanto às pessoas e seus pontos de vista
  _____

- Qualquer outra coisa de que você se recorde
  _____

NOVAS VISÕES

Tradicionalmente, em nossa sociedade, o *mentoring* era considerado um processo formal mediante o qual uma pessoa mais velha e experiente ajudava e orientava alguém mais jovem nos caminhos de uma organização ou de um trabalho. O termo *mentoring* é também utilizado para descrever as atividades de um funcionário mais antigo preparando um outro, iniciante, para exercer determinada atividade ou trabalho, oferecendo aconselhamento dentro da carreira e encorajando altos padrões de performance. Quando bem efetuado, o *mentoring* era visto como veículo de produção de efeitos importantes e benéficos na carreira e na vida de uma pessoa.

Os mentores também eram vistos como aqueles profissionais antigos, experientes, que acalentavam os mais jovens sob suas asas e os protegiam, ministravam-lhe conhecimentos, e até mesmo os apadrinhavam. No entanto, nos tempos de hoje, esse sentimento de proteção veio sendo criticado por dar origem ao favoritismo, alpinismo empresarial e política interna. Nas organizações globalmente competitivas da atualidade, muitas pessoas rejeitam a palavra *protegido* e preferem o termo mais neutro mentoreado.

A orientação tradicional da carreira, nos moldes do *mentoring*, apesar de reconhecidamente relevante, é hoje vista como muito limitadora.

Você pode estar, ou ficar envolvido em uma relação de *mentoring* formal, designada por sua organização ou desenvolvida por você, como uma atividade voluntária. Existem diversas formas de se praticar o *mentoring* espontâneo e informal. Tais relacionamentos podem ser de curto ou longo prazo.

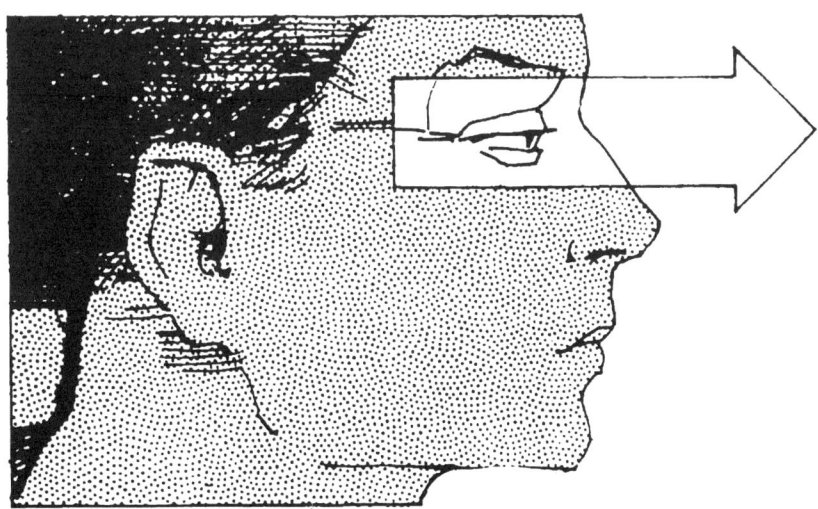

A DIVERSIDADE DE RELAÇÕES DE *MENTORING*

Descreva um relacionamento que você já tenha vivenciado, observado ou ouvido falar em cada uma das quatro categorias abaixo:

Altamente Estruturado ↑ / **Sem estrutura, eventualmente** (Formalidade do Relacionamento)

Curto prazo e espontânea → **Longo prazo, ou até mesmo permanente** (Duração da Intervenção)

1. Altamente Estruturado, de curto prazo.

O relacionamento é formalmente estabelecido por um período curto ou de introdução, geralmente para atender a objetivos específicos da organização. Por exemplo, um funcionário novo pode formar dupla com um antigo para avaliação da empresa.

2. Altamente estruturado, de longo prazo.

Geralmente utilizado nos casos de substituição, esse relacionamento envolve o preparo de alguém para assumir o cargo de outra pessoa que está de saída ou para gerenciar uma atividade.

3. Informal, de curto prazo

Esse tipo de *mentoring* varia entre um auxílio espontâneo esporádico ou aconselhamento em caso de necessidade. Não é necessário que nenhuma relação esteja em curso. Esse tipo de intervenção é geramente muito refletida e fortemente orientada para mudanças.

4. Informal, de longo prazo.

O "*mentoring* amistoso" consiste em colocar-se à disposição sempre que necessário para a discussão de problemas, para ouvir, ou compartilhar um conhecimento específico.

VARIEDADE NO COMPORTAMENTO

> O *mentoring* pode se definido como: um efeito significante, duradouro e benéfico na vida ou estilo de outra pessoa, geralmente oriundo de um contato pessoal bilateral. Um mentor é aquele que oferece conhecimento, *insight*, perspectiva ou sabedoria, que será especialmente proveitosa para outra pessoa.

O *mentoring* pode ser praticada por qualquer pessoa, a qualquer tempo, em quase todos os lugares. Pode importar em uma intervenção única ou durar por uma vida inteira. A maneira de se lidar com ele pode ser informal, no curso de uma relação de amizade, ou formal, como parte de um processo altamente estruturado visando orientar o novo funcionário. Muitas pessoas que já foram mentoreadas reconhecem que alguma coisa de muito especial aconteceu, mas, freqüentemente, não sabem, sequer, identificar aquela experiência.

Com freqüência, o *mentoring* é um processo mediante o qual o mentor e mentoreado trabalham juntos para descobrir e desenvolver habilidades ainda não reveladas pelo mentoreado, provendo conhecimento e técnicas à medida que as chances e necessidades surgem, objetivando também que o mentor sirva como um eficiente tutor, conselheiro, amigo e também lâmina onde o mentoreado afiará suas habilidades e aguçará seu pensamento.

O *mentoring* também pode ser um processo quase inconsciente. Alguém é capaz de dizer ou fazer algo, sem se dar conta, que causará extraordinário efeito na outra pessoa. Também pode ocorrer que o receptor somente perceba a importância daquela intervenção em sua vida tempos depois e aos poucos. Mesmo assim, esses vínculos fortalecedores não são benefícios acidentais. Seu poder floresce a partir da natureza generosa do mentor e da receptividade absorvente do mentoreado para digerir e utilizar os ensinamentos que lhe foram transmitidos.

É provável que todos nós em algum momento já tenhamos exercido ambos os papéis de mentor e mentoreado.

COMO AGEM OS MENTORES

A lista a seguir relata as atividades do mentor. Assinale, em cada questão, uma das colunas, ou ambas, se for o caso.

	Alguém já fez por mim	Já fiz por alguém
Os mentores...	☐	☐
Estabelecem altos níveis de desempenho	☐	☐
Oferecem idéias instigantes	☐	☐
Ajudam a construir autoconfiança	☐	☐
Encorajam a postura profissional	☐	☐
Oferecem amizade	☐	☐
Combatem comportamentos e atitudes derrotistas	☐	☐
Ouvem os problemas pessoais	☐	☐
Ensinam através do exemplo	☐	☐
Oferecem oportunidades para o crescimento	☐	☐
São fonte de inspiração	☐	☐
Explicam como a empresa funciona	☐	☐
Treinam seus mentoreados	☐	☐
Apóiam seus pupilos em situações adversas	☐	☐
Oferecem conselhos sábios	☐	☐
Encorajam o comportamento vencedor	☐	☐
Induzem a autoconfiança	☐	☐
Inspiram seus mentoreados	☐	☐
Compartilham informações vitais	☐	☐
Encorajam seus mentoreados	☐	☐
Assessoram a carreira de seus mentoreados	☐	☐

UMA IMPORTANTE EXPERIÊNCIA DE VIDA

> Em sua autobiografia, *Confessions of an SOB* (Doubleday, 1989), Al Neuharth, fundador do jornal *USA Today*, relata uma comovente história a respeito de *mentoring*.
>
> Neuharth mudou-se para Detroit para se tornar assistente de Lee Hill, editor executivo do *Detroit Free Press*. Logo após sua chegada, foi convidado para um almoço em companhia de Jack Knight, dono da cadeia de jornais Knight-Rider, da qual o *Detroit Free Press* fazia parte. Eles foram até a esquina onde se situava o elegante Clube Detroit, para um drinque. Então Jack Knight disse "Vamos".
>
> Um surpreso Neuharth retrucou: "Nós não íamos almoçar?"
>
> Knight então disse: "Sim, vamos."
>
> Al percorreu seis quarteirões até o balcão de uma lanchonete no porão de uma antiga loja da Woolworth Five and Dime. Lá, Jack Knight pediu um cachorro-quente e uma coca-cola e perguntou a Neuharth o que desejava. Al comeu a mesma coisa. Ali estava um multimilionário impecavelmente vestido, detentor de um prêmio Pulitzer, e também um dos mais influentes magnatas da mídia, oferecendo a Al um prosaico cachorro-quente com mostarda e ketchup.
>
> Knight então abordou o que interessava: Lee Hill dará a você sociedade no Clube de Detroit e no Clube Atlético e ainda o apresentará ao Prefeito entre vários líderes políticos, e em pouco tempo você estará pensando que escreve para eles. No entanto, lembre-se, muita gente que lê nosso jornal almoça aqui todos os dias. Pergunte a eles o que leram. "Lembre-se", prosseguiu Knight, "não se torne escravo de seu próprio conforto. Sinta o ambiente na rua. E não almoce no Clube Detroit todos os dias".
>
> Neuharth relaciona essa experiência diretamente com o pensamento que anos mais tarde invadiu o formato do *USA Today* como um tablóide popular americano.

Esse tipo de experiência de vida relevante é, em um determinado contexto, o verdadeiro sentido do *mentoring*. Os mentores oferecem experiências de aprendizagem excelentes para seus mentoreados e enaltecem as idéias centrais e informação que tornam os fatos memoráveis e significantes. Expandem a consciência, percepção e perspectiva de seus mentoreados. Podem significar uma valorosa força para o desenvolvimento dos funcionários e de sua empresa. Sempre vai existir uma ponta de improvisação e arte dramática na atividade de *mentoring* da qual vamos nos recordar, bem como utilizá-la.

COMPARTILHANDO A EXPERIÊNCIA DE VIDA

Anote suas respostas nos espaços abaixo:

1. Quem lhe proporcionou uma experiência de assimilação fora do comum que lhe permitiu enxergar a vida sob outro ângulo ou ler as entrelinhas? Descreva um desses episódios.

   _____

   _____

   _____

2. Descreva as experiências mais originais que experimentou e indique sua importância para você.

   _____

   _____

   _____

3. Identifique uma situação onde você poderia (ou pôde) proporcionar a outra pessoa experiência incomum de forma a abrir-lhe novos horizontes, de forma a habilitá-la a observar como outras pessoas vivem ou, ainda, auxiliá-la a ver algo importante sob um novo ângulo.

   _____

   _____

   _____

COLABORADORES ESPECIAIS

Até mesmo o *mentoring* formal é amplamente a arte de *extrair o máximo de uma situação apresentada*. Essa visão flexível tende a afligir alguns, que esperam, e talvez até necessitem de, orientação minuciosa para executar qualquer tarefa banal. Eles precisam saber exatamente o que se espera deles, como e quando agir.

Contar a eles que o mentoring é formado de intuição, sentimentos e palpites – formados ao longo do caminho e composto de quaisquer ingredientes que a pessoa dispuser no momento – seria algo muito subjetivo. Essas são as linhas gerais daquilo que o compõe, e é dessa realidade que seu poder se origina.

Por exemplo, uma pessoa que aprende técnicas de aconselhamento pode tornar-se um conselheiro, e *quem sabe* um mentor. Todavia, o *mentoring* ocorreria apenas quando o conselheiro atuasse intervindo na relação que fosse além do aconselhamento. De outra forma, a palavra *mentoring* não teria nenhum significado especial. Além disso, ajudar um subordinado a lidar com o problema de alcoolismo de um colega não se configura exatamente em *mentoring* – é mais uma questão de aconselhamento. Mas até um comentário despretensioso pode ser considerado como *mentoring* caso revele um aspecto do problema, não importa se quem fez a observação foi um mentor ou outra pessoa qualquer.

Essa sagacidade especial, que repentinamente revela novos aspectos das coisas, é o ingrediente que falta atualmente na educação e no treinamento. Felizmente, é mais fácil encontrá-la entre os leigos do que entre educadores e treinadores – pessoas que prezam tanto o outro que esforçam-se em resolver o problema. O *mentoring* vai muito além daquilo que aprendemos nos bancos escolares.

Por que razão os líderes das organizações atuais interessam-se tanto em promover um tipo de relacionamento que não possui forma nem seqüência? Porque vivendo em um ambiente em constante ascenção tecnológica e grande complexidade, todos nós experimentamos a necessidade de receber impressões, percepções e informações que não estão contidas nos canais convencionais ou programas de treinamento. Deve existir alguém em nosso círculo que nos auxilie a preencher as lacunas em nossa compreensão dos problemas intrincados que enfrentamos. Essas pessoas especiais são os mentores.

IDENTIFICANDO NOSSOS ETERNOS COLABORADORES

Identifique três pessoas que o tem influenciado significativa e beneficamente. Descreva quais foram suas contribuições para sua vida.

1. Alguém que o inspirou a mudar o curso de sua vida de uma maneira construtiva.

_____
_____
_____

2. Alguém que fez algo que o ajudou a crescer em termos de sentimento, caráter, ou integridade moral e ética, ou que o tem auxiliado a desenvolver um compromisso profundo com seus valores.

_____
_____
_____

3. Alguém que foi a pessoa certa na *hora e situação certas.*

_____
_____
_____

Alguma dessas pessoas o socorreu espontaneamente em uma grande necessidade – tenha você reconhecido a necessidade à época ou não? Em caso positivo, quem foi?

_____
_____
_____
_____

INDO ALÉM

Com exceção de um programa de *mentoring* formal no qual um mentor pode ser designado para guiar um mentoreado, esse relacionamento não é uma questão de obrigação. Os professores que lecionam sob contrato ou advogados que aconselham mediante o pagamento de consulta estão meramente executando seu trabalho. O *mentoring* é muito mais do que o cumprimento de uma obrigação – é um auxílio que ultrapassa as fronteiras dos relacionamentos obrigatórios.

Professores podem mentorear assim como advogados. A distinção entre um professor comum e outro excelente geralmente reside no componente adicional do *mentoring* que somente alguns oferecem. Todos conhecemos muitos professores competentes que executam seu trabalho com arte e estilo. Alguns de nós tiveram a sorte de encontrar professores que nos acenderam a chama do conhecimento e nos revelaram novos pontos de vista e dimensões, sensibilizando-nos profundamente além de despertar e encorajar nosso potencial.

Da mesma forma, um advogado experiente pode acolher um colega mais jovem em suas necessidades. Ele pode ensinar ao novato os meandros da advocacia, estabelecer junto com ele altos padrões de performance, adaptar o iniciante aos exigentes códigos da profissão e oferecer encorajamento e conforto durante o árduo período de formação da personalidade profissional do indivíduo.

O *mentoring* envolve a ultrapassagem de limites no exercício do dever. É um relacionamento em que a pessoa com maior experiência, conhecimento e sabedoria aconselha, ensina, guia e ajuda outra pessoa a desenvolver sua personalidade e profissionalismo.

Mas o que ocorre com o funcionário mais antigo de uma organização que é designado para mentorear o colega iniciante segundo os padrões do *mentoring* formal? Se a pessoa executar sua tarefa segundo padrões ultrapassados, apesar de ostentar o título de *mentor*, certamente irá desperdiçar a importante experiência.

ORIENTANDO OUTRA PESSOA

O *mentoring* é constantemente um incentivo extra que o mentoreado receberá.

Relate uma experiência em que você foi capaz de orientar uma pessoa em uma situação particularmente delicada, e sua ajuda pareceu ter sido fundamental para ela

___

___

___

Descreva um episódio que tenha presenciado, lido ou ouvido falar no qual alguém orientou outra pessoa e a ajudou de maneira especial. Não é necessário que a história seja demasiado dramática, porém que contenha um toque especial que a tenha tornado memorável e de utilidade permanente.

___

___

___

Descreva uma experiência de *mentoring* que não se encaixe nos padrões estabelecidos para o processo. Pode ser, por exemplo, uma mensagem paterna, uma citação literária, um discurso, um sermão ou outra categoria qualquer.

___

___

___

CAPÍTULO 2

O *Mentoring* É Indicado para Você?

INVESTINDO EM OUTRA PESSOA

Você está preparado, com vontade e possibilidade de mentorear outra pessoa? Você encontra-se preparado emocional e psicologicamente para investir tempo e esforço no auxílio alheio? Encontra-se em condições de assumir um compromisso como este? Possui tempo, habilidade e liberdade para dedicar-se a alguém?

Mentorear importa em uma mudança em sua vida, mesmo que abrangendo apenas alguns aspectos. Até mesmo as modalidades mais improvisadas do *mentoring* demandam, no mínimo, uma aguçada conscientização das necessidades alheias e a vontade de parar ou escutar um pouco. A prática de uma tarefa formal de *mentoring* no ambiente de trabalho pode implicar ocasionais inconveniências e redução no tempo para executar outros afazeres. Orientar uma pessoa jovem como um esforço comunitário pode conflitar com os compromissos familiares e outras atividades. O *mentoring* também pode significar uma mudança íntima bastante profunda – talvez a vontade de escutar mais e falar menos, ou reduzir o tempo dedicado a seu esporte ou recreação favorita.

O *mentoring* que causa a você um nível significativo de estresse ou perda em outras áreas deve ser avaliado com cautela antes que assuma a responsabilidade. Ainda, se você está preparado, a satisfação pessoal poderá compensar o tempo e esforço dispendidos – "olho vivo" é a palavra de ordem.

Os mentores também precisam acreditar no valor de seu trabalho sem se importarem com a contrapartida. Se você possui, ou pode desenvolver, uma natureza de doação sincera, provavelmente irá mentorear ao longo de toda a sua vida – provavelmente sem pensar muito no assunto.

SEU INVESTIMENTO NO *MENTORING*

O *mentoring* pode variar desde uma intervenção totalmente despretensiosa até uma relação de longa duração. Precisamos avaliar onde estamos no momento – reconhecendo que as condições e os nossos interesses podem necessitar de reavaliação de tempos em tempos.

As necessidades do mentoreado e as fontes do mentor variam de uma época para outra, refletindo as complexidades da vida.

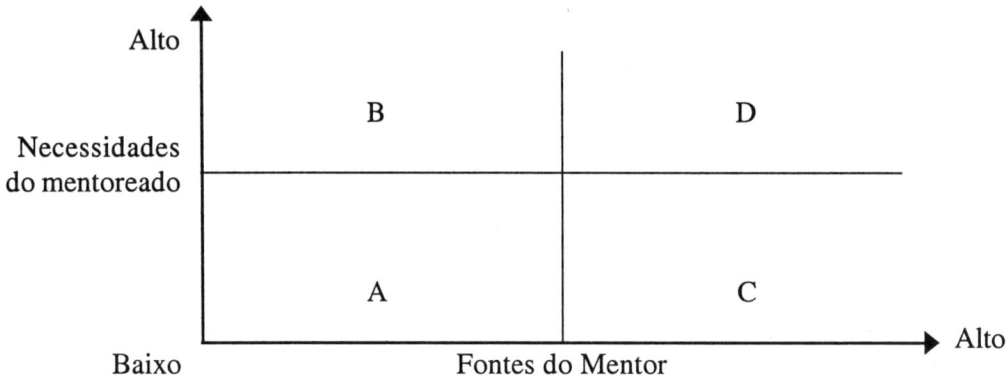

Quadrante A: Os recursos do mentor e as necessidades do mentoreado são baixos, espontâneos ou ocasionais. Para satisfazer a ambas as partes bastam intervenções bem pequenas.

Quadrante B: A necessidade do mentoreado é alta enquanto os recursos, o tempo, as habilidades do mentor são pequenas. Talvez seja indicado orientar o mentoreado a encontrar um mentor (ou ajuda profissional) mais apropriado, podendo ser até através de uma referência de alguém do mesmo meio.

Quadrante C: As fontes do mentor são substanciais, enquanto as necessidades do mentoreado são baixas. Um auxílio eventual pode ser tudo o que ele necessita, e o mentor pode reservar seu tempo e talento para ajudar outras pessoas.

Quadrante D: As necessidades do mentoreado e do mentor são abundantes. Existe um potencial para um relacionamento intenso e produtivo.

A boa vontade, a presteza e a adequação do mentor e mentoreado precisam ser julgadas de acordo com cada situação individual. Um mentor muito disposto que tenta trabalhar com um mentoreado que demanda pouca ajuda pode ser inapropriado. Da mesma forma, um mentoreado muito carente e um mentor sobrecarregado podem não trabalhar bem juntos.

COMPARTILHANDO NOSSOS RECURSOS

Mentores trazem considerável gama de recursos para um fato ou situação que envolva o *mentoring*. Esses podem variar de acordo com nosso trabalho, nossa personalidade, nosso círculo de amigos e associados, bem como nosso tempo disponível aliado a nossa energia. Nos espaços abaixo, identifique alguns dos aspectos especiais que você adiciona à situação de *mentoring*. Liste um ou mais itens de cada categoria.

Minha posição ou experiência de trabalho: _____
_____
_____

Coisas que gosto de fazer: _____
_____
_____

Minha educação, treinamento e/ou experiência: _____
_____
_____

Meus passatempos, *hobbies* e/ou clubes: _____
_____
_____

Minhas habilidades especiais e conhecimentos: _____
_____
_____

Minha(s) preferência(s) especial (ais): _____
_____
_____

Qualquer outro aspecto: _____
_____
_____

O MENTOR LIBERAL

Um *mentoring* perfeito é aquele em que são respeitadas as características pessoais do mentoreado e há empenho em realçar as potencialidades dessa pessoa. Mentores eficazes tendem a enfatizar *o que* o mentoreado faz diante do auxílio do mentor ao invés de *como* ele age. Neutralizando as reações negativas ou destrutivas que podem prejudicar o mentoreado ou alguém mais, os mentores precisam concentrar-se nos resultados positivos de uma transação – caso apresentem sinais visíveis.

O desejo de fazer as coisas "à sua maneira" é fundamental para a conscientização de si mesmo, pois diz respeito à especialização da pessoa. Fazer algo à maneira do mentor pode reduzir o domínio do mentoreado. Essa pode ser uma maneira de o mentoreado evitar as considerações ou responsabilidades. Também pode causar um extremo desconforto ao mentoreado. Ele deve adaptar a orientação do mentor à sua realidade e estilo. A situação permitirá ao mentoreado repensar os detalhes, talvez tentar novas abordagens, e descobrir suas aptidões e forças motoras interiores.

Não iremos desprezar o valor do *mentoring* apenas porque o mentoreado optou por trilhar seu próprio caminho e aparentemente não agiu conforme o esperado. Um mentor eficaz liberta seu pupilo, e, o que é mais importante, não se responsabiliza por seus atos. Uma relação edificante é liberal. A eficiência do mentoreado depende praticamente do planejamento da sua própria rota.

FORMAS NÃO DIRECIONADAS DE *MENTORING*

Cite três situações em que você serviu ou poderia ter servido como um padrão de eficiência.

1. _____
2. _____
3. _____

Cite duas atitudes positivas que você demonstra, e duas formas de auxiliar outras pessoas a superarem sentimentos negativos acerca delas mesmas.

Atitudes positivas

1. _____
2. _____

Auxílio a outrem:

1. _____
2. _____

Quão confortável você se sente ouvindo os problemas alheios?
_____

A boa vontade em escutar pode ajudar os mentoreados a se livrarem dos sentimentos negativos. Quais os dois tipos de escuta você pratica melhor?

1. _____
2. _____

Freqüentemente as pessoas desejam que alguém lhes diga o que fazer ou não, mas por vezes uma idéia ou informação oferecida sem pretensão, de forma neutra, transforma-se em algo com que elas se identificam e utilizam. Avalie sua própria capacidade de compartilhar idéias e informações segundo uma concepção de neutralidade.

_____
_____

AUTODESENVOLVIMENTO DO MENTOR

Alguns dos melhores mentores são pessoas que pensam que, assim como seus mentoreados, encontram-se em permanente processo de autodesenvolvimento. Tempos atrás, sabe-se, uma pessoa era capaz de desenvolver um certo grau de sabedoria e sofisticação e passar adiante seus conhecimentos aos mais jovens e/ou com menos prática. Porém, a cada dia nosso mundo se modifica e acelera seu ritmo de mudança. Devido a isso, precisamos definir quais os tipos de *mentoring* a serem aplicados com melhores resultados, bem como os conhecimentos e habilidades que precisaremos desenvolver para nos atualizar.

Focalize os princípios básicos e verdades fundamentais. Essa atividade não é estática. A aplicação de verdades fundamentais aos novos desafios requer uma constante reavaliação, discussão, debates, até que seja formado o novo pensamento. Membros da mais elevada magistratura, autoridades eclesiásticas e bons supervisores agem dessa maneira.

Acompanhe de perto as novas técnicas e suas implicações. Essa é a fonte mais dinâmica de *mentoring*. Isso significa que a tarefa de desenvolvimento, aprendizagem e mestria executada pelo mentor nunca chega ao fim. Essa tarefa não precisa ser penosa, se escolhermos especialidades tais como as missões de desenvolver nossa organização ou a tecnologia dentro de nossa área.

O mentoring *é um campo em evolução.* Se você optar por exercê-lo de forma ativa para escutar, treinar, confrontar técnicas eficazes, ou novos métodos de resolução de conflitos, estará iniciando uma jornada em direção ao autoconhecimento.

ESTILOS DE *MENTORING*

É necessário adaptar os estilos de *mentoring* às pessoas envolvidas e desenvolver o seu próprio conhecimento, habilidades e aptidões de formas compatíveis com sua personalidade.

Você aprecia filosofar, discutir e levantar pontos interessantes?
_____

Qual é sua opinião quanto a esse tipo de *mentoring*?
_____

Você aprecia ser ativo, interessado em obter resultados e tocar as coisas para a frente?
_____

Qual é a sua opinião quanto a esse tipo de *mentoring*?
_____
_____

As perguntas supracitadas são uma maneira simplificada de encorajá-lo a pensar sobre os estilos do mentor e mentoreado. Que tipos de mentoreado o estimulariam a trabalhar com melhores resultados?
_____
_____
_____

Liste três tipos de autodesenvolvimento que você considera que o auxiliariam a se tornar o mentor que gostaria de ser.

1. _____
2. _____
3. _____

ESTUDO DE CASO: IKA

Ika é um jovem bem articulado de quase vinte anos que mora em um bairro perigoso de sua cidade com a mãe e dois irmãos mais novos. Ele foi obrigado a deixar a escola; porém, depois de um episódio envolvendo drogas e reabilitação, voltou a estudar e completou o segundo grau. No último outono começou a freqüentar dois cursos vespertinos em um colégio público. Conseguiu completar ambos com resultados medianos e já se inscreveu para cursar mais dois no próximo semestre.

Você é o supervisor do departamento de expedição e chefe de Ika. Já percebeu que o rapaz aprende rápido, trabalha com afinco, é cuidadoso com o equipamento e mercadorias e de vez em quando formula perguntas aprofundadas sobre o funcionamento das coisas. Ele já ofereceu diversas sugestões que, implantadas, melhoraram o método de trabalho. Você tem a impressão que ele possui diversos tipos de talento.

Você reside em um agradável bairro de sua cidade, faz parte da Legião Americana de Veteranos de Guerra, treina um time de baseball, é sacristão de sua igreja e passa a maior parte de seu tempo livre ao lado da família. Já faz 14 anos que você trabalha nessa empresa.

Sua empresa planeja automatizar o sistema de manuseio de produtos na fábrica e no departamento de expedição. Você foi sondado para indicar um funcionário que conheça o sistema atual, para atuar como elemento de ligação. Tal pessoa irá trabalhar com os consultores que estão estudando o sistema e implantando melhorias. Jim, o funcionário com mais experiência, planeja aposentar-se em breve. Ika conhece o sistema razoavelmente bem, mas gostaria de receber de você orientação adicional. Os três outros funcionários não aparentam ser bons candidatos. Dois deles são muito novos no trabalho e o outro falta com freqüência ao trabalho.

Na semana anterior Ika contou estar estressado com seus estudos, e peguntou em voz alta se ele preenchia os requisitos para se formar em uma Universidade. Ele explicou que um de seus professores o estava sobrecarregando com trabalhos de casa e não explicava bem as tarefas a serem executadas. Ele também está bastante desanimado, pensando se algum dia será capaz de tirar sua família "daquele bairro violento".

CONSIDERE O CASO DE IKA

Quais os riscos que poderiam envolver o *mentoring* de Ika? _____
_____
_____

Se você decidir ajudar Ika, qual será o seu plano? _____
_____
_____

Considerando todos os compromissos que possui, a natureza de seu trabalho e as exigências de seu novo projeto, você se disporia a mentorear Ika a sério? _____
_____
_____

Caso decida passar mais tempo auxiliando Ika, que outros aspectos de sua vida e trabalho você pensaria em mudar? _____
_____
_____

E se Ika fosse negro e você branco? _____
_____
_____

E se Ika fosse branco e você negro? _____
_____
_____

CAPÍTULO 3

Entendendo as Necessidades do Mentoreado

ADAPTANDO PARA MUDAR

Qualquer mentoreado possui algumas necessidades genéricas em comum com outras pessoas que tenham vivenciado experiências e situações semelhantes. Ele também possui uma agenda pessoal e única contendo seus próprios valores, limitações e aspirações. Para tornar essa equação ainda mais complexa, some-se a ela a orientação do mentor e de outras pessoas e ainda os desejos e fatos que interferem em sua vida diária.

No *mentoring*, o mentoreado é levado a considerar outras modificações apontadas por seu mentor, não importando se as opiniões são originárias de uma oportunidade desafiadora ou de um ponto de vista pessoal alheio. Para nossos orientados, mudança é o lema, podendo partir dos próprios aprendizes ou de estímulo externo.

Gerenciar tais mudanças implica uma constante rotatividade de pessoal e ambientação organizacional. Há um limite de tolerância para a sensação de perda ocasionada pelo afastamento da família e renúncia aos costumes e comportamentos comodistas e por vezes até relacionamentos. Mesmo que esses sentimentos sejam superados, ainda permanece o medo do desconhecido e de um possível fracasso. Ironicamente, mesmo havendo o sucesso, ainda resta uma certa ansiedade – temermos não sermos capazes de avaliar nosso próprio grau de expectativa e o alheio.

Muitas vezes o papel do mentor é simplesmente dar apoio moral ao mentoreado, escutando-o, confortando-o e ofertando sua amizade.

> *Reconhecer as necessidades que uma pessoa apresenta para se adaptar a mudanças e comportar-se de acordo é o desafio do mentor*

INTERPRETANDO OS SINAIS DO MENTOREADO →

INTERPRETANDO OS SINAIS DO MENTOREADO

As mensagens através das quais o mentoreado lhe comunica problemas sempre contêm um *fato* e um *sentimento*. "Jack, estou com um problema financeiro que está me atormentando" é uma afirmação fática da percepção da pessoa. No entanto, não enfatiza claramente o sentimento. Relacione três afirmações fáticas através das quais o mentoreado sinaliza que está enfrentando um problema.

1. _____
2. _____
3. _____

Algumas mensagens focalizam o sentimento que está complicando a resolução do problema. "Minha situação financeira está deixando-me louco" sinaliza o estresse pelo qual a pessoa está passando. Relacione três afirmações "emocionais" que o mentoreado possa fazer.

1. _____
2. _____
3. _____

Os sentimentos também podem ser expressados de modo não-verbal – por expressões faciais, tom de voz, gesticulação ou postura. Relacione três maneiras não-verbais pelas quais o mentoreado possa exprimir um sentimento.

1. _____
2. _____
3. _____

Esses sentimentos são relevantes e não podem ser desconsiderados. Comentários como "não se preocupe com isso", "não pode ser tão ruim", ou a positivista expressão "tudo vai acabar bem" são respostas que denotam pouco caso com o problema do mentoreado ou até com ele mesmo.

AUTO-IMAGEM POSITIVA

Todos nós precisamos ser confiantes e ter uma auto-imagem positiva. Nossa resposta aos problemas quase sempre reflete nosso próprio sentimento quanto a nós mesmos em determinada ocasião ou nossa percepção genérica também quanto a nós mesmos. Pesquisas indicam que dois terços dos americanos sofrem de baixa auto-estima generalizada. Essas pessoas tendem a julgar negativamente alguns aspectos de sua personalidade ou atributos que possuem.

Essa prática de ressaltar as falhas torna difícil para a pessoa gerar a energia necessária, sentir-se motivado ou fazer alterações positivas. A função primordial do mentor é fornecer visões e experiências que auxiliem na construção da confiança do mentoreado em si mesmo.

Um dos piores aspectos da auto-imagem prejudicada é a maneira depreciativa com que o mentoreado fala para si ou sobre si mesmo. Todas as pessoas mantêm um diálogo interno. Essa conversa interior é freqüentemente crítica, fixando-se nas falhas ou deficiências. Na verdade, muitos de nós aprendemos que devíamos desvalorizar nossas conquistas em vez de celebrarmos cada uma delas. Essa prática é desanimadora e reduz o senso de realização, por dar ênfase às falhas. Por acaso é novidade para alguém que tão poucos utilizem seus talentos naturais?

Existe uma grande diferença entre sofrer uma perda, sentindo-se desencorajado e culpar-se pelo fato. Um mentor é capaz de:

- Escutar os motivos sem emitir julgamento, dando uma chance ao mentoreado para expressar seus sentimentos negativos.

- Oferecer soluções caso seja solicitado

- Dispor-se a ajudar no que for necessário, caso o mentoreado opte pela solução do conflito.

CONSTRUINDO A AUTOCONFIANÇA

Ao permitir e encorajar alguém a falar sobre seus sentimentos negativos possibilita-se a superação desses sentimentos. Relacione três respostas específicas que você poderia dar a ele visando equilibrá-lo, sem colocá-lo para baixo.

1. _____
2. _____
3. _____

Considerando seus recursos tais como sua posição, experiência e contatos, identifique três coisas que você poderia oferecer ao mentoreado para ampliar seus horizontes e construir confiança nele mesmo.

1. _____
2. _____
3. _____

Sugira três idéias que poderiam ajudar o mentoreado a construir uma auto-imagem mais positiva.

1. _____
2. _____
3. _____

Como você e seu mentoreado podem melhorar a quantidade e a qualidade de experiências mutuamente enriquecedoras?

1. _____
2. _____
3. _____

GERENCIANDO MUDANÇAS

Quando a pessoa passa por uma mudança significativa, ela usualmente necessita de cinco fatores para se adaptar a ela:

1. Uma visualização de como se encontrarão ela e o ambiente em torno de si, quando houver ocorrido o sucesso.

2. Tempo para absorver a nova visão.

3. Tempo para ajustar comportamentos.

4. Desenvolver mecanismos para lidar com o estresse gerado pela mudança.

5. Tempo para ponderar o significado da mudança e assimilar seus efeitos.

Alteração de contexto é a chave deste processo. Se uma pessoa for capaz de imaginar claramente como seu mundo se alteraria caso conseguisse implementar as mudanças desejadas, ela começará a tomar atitudes que a levarão à conquista almejada. Esse ajuste mental precisa ser configurado em termos positivos, ao invés dos cenários tenebrosos que povoam nosso pensamento. Auxiliar nosso mentoreado na troca de um contexto mental dos problemas atuais para o sucesso futuro pode ser atitude extremamente produtiva.

Não devemos esperar que a mudança seja instantânea. De fato, mudanças rápidas podem ser tão estressantes a ponto de o sofrimento nos obliterar ou favorecer a ocorrência de deslizes.

Os mentoreados podem necessitar também de uma rica variedade de mecanismos combativos para lidar com o estresse da mudança e evitar mecanismos contraproducentes como, por exemplo, ingerir bebida alcoólica toda vez que a situação ficar difícil.

> ***Exemplo:*** O metalúrgico que é demitido e fica com uma idéia negativa de si mesmo é capaz de bloquear outras opções, ficar desencorajado e voltar-se para o álcool ou drogas. Um mentor que auxilie a formar uma nova conjectura para o trabalhador e propicie que ele se sinta confortável com futuras possibilidades (como por exemplo aprender computação) pode abrir campo para outras alternativas. Esse é um terreno muito delicado, e alguns mentores não sabem lidar com ele. O auxílio profissional pode ser mais indicado.

ATENDENDO ÀS NECESSIDADES DO MENTOREADO

Pense em uma mudança valiosa que você cogita fazer em sua vida. Imagine como seriam você e seu ambiente caso atingisse esse objetivo. Focalize os pontos positivos. Descreva essa condição.

_____
_____
_____

Relacione três formas de reforçar sua auto-imagem;

1. _____
2. _____
3. _____

Identifique três formas de utilizar o tempo como um fator de adaptação a mudanças necessárias ou desejáveis (como o desenvolvimento de novas habilidades ou conhecimentos):

1. _____
2. _____
3. _____

Liste três métodos eficazes de combate ao estresse em sua vida:

1. _____
2. _____
3. _____

Quais dessas técnicas você gostaria de compartilhar com seu mentoreado?

_____

Exclua qualquer comportamento indevido ou negativo citado acima. Você não deseja repassar essas informações a seu mentoreado.

LIDANDO COM ÁREAS OBSCURAS

Auxiliar no crescimento de alguém como ser humano não é sempre uma tarefa clara e simples. O mentoreado vive sua própria vida, possui uma gama de solicitações das mais variadas espécies e se modifica diariamente segundo inúmeros fatores. Cada dia que passa nós envelhecemos, conhecemos novas pessoas, enfrentamos novos problemas e desafios e talvez soframos com nossas imperfeições. Mesmo que as modificações sejam sutis, definitivamente não permanecemos iguais.

Algumas alterações no mentoreado serão notáveis ou até mesmo dramáticas. Outras podem ser graduais e quase imperceptíveis. Algumas podem ser escamoteadas.

Se o relacionamento de *mentoring* for de longo prazo, o mentor pode precisar:

- Captar interesses sutis que a pessoa comece a expressar.
- Perceber mudanças pequenas ou gradativas que possam parecer importantes.
- Interpretar os sinais verbais e não-verbais emitidos pelo mentoreado.

Esses interesses, mudanças e sinais podem tornar-se pontos de resposta. Todos eles certamente podem ser levados a extremos, mas podem também importar em dicas de que é necessário prestar auxílio. Eles são capazes até mesmo de fazer com que o mentoreado tenha consciência do problema ou defina uma dificuldade emergente.

ESTABELECENDO PARÂMETROS MÚTUOS

Lidar com eficácia com os pequenos problemas para evitar que eles cresçam é uma das principais formas de os mentores auxiliarem seus mentoreados.

Identifique três dicas verbais ou não-verbais que um mentoreado poderia dar, até mesmo inconscientemente, para informar sobre os problemas que vem enfrentando em seu emprego ou carreira.

1. _____
2. _____
3. _____

Identifique três padrões de repetição que podem indicar que o indivíduo está passando por dificuldade em sua vida pessoal.

1. _____
2. _____
3. _____

Cite três queixas freqüentes de um mentoreado que podem indicar um problema pessoal não-resolvido, como, por exemplo, estar freqüentemente sendo atingido pelos outros:

1. _____
2. _____
3. _____

Note a utilização de termos absolutos. Eles podem servir como excelentes dicas, como, por exemplo: "Eu *nunca* me dou bem com meus chefes", ou "Ele implica comigo *toda vez* que falo com ele". Afirmações absolutas podem parecer adequadas para quem fala, porém nem sempre refletem a realidade. No entanto, detectá-las e discuti-las pode ser um bom ponto de partida na identificação e condução de um problema.

CASO DE ESTUDO: PAM

Pam é uma pessoa brilhante e viva que você conhece da lanchonete da empresa. Ela trabalha para Harold Greening no setor de Contas a Pagar.

Você já foi mentor de Pam em três ou quatro situações nas últimas semanas, quando ela o procurou para obter conselho sobre o problema financeiro que está enfrentando. Você a escutou, não a induziu a nenhuma atitude, fornecendo a informação desejada. Pam contou que a ajuda foi muito válida. Conseguiu resolver o problema dela de uma maneira que você não havia pensado.

Você sabe que Pam completou o segundo grau e possui um diploma de secretariado de uma escola de administração local. Ela aparenta ter sido bem treinada mas não é bem educada. Sua visão do mundo é bastante limitada, bem como sua experiência. Ela aparenta estar fascinada com a variedade e desafios inerentes a seu trabalho. Sua percepção da diferença entre o seu trabalho e estilo de vida e o dela fez com que pretendesse conversar sobre uma possível mudança de vida para torná-la mais instigante e diferente.

Você já ouviu dizer que ela é uma pessoa muito trabalhadora e esperta. Acredita que seja capaz de grandes realizações, mas ela parece não saber explorar sua inteligência natural e aptidões. Ela se considera pouco inteligente, mas tudo que faz contraria essa idéia.

Você acredita que, se ela trabalhasse sua auto-estima e confiança, seus talentos iriam sobressair.

(Vire a página e responda a este caso)

QUAL É A SUA OPINIÃO?

CONSIDERE O EXEMPLO DE PAM

Se você decidisse continuar informalmente mentorizando Pam, a que principais aspectos do *mentoring* iria dar ênfase?
_____
_____
_____

Seu *mentoring* seria afetado se você fosse um homem? Como?
_____
_____
_____

Como você tentaria tornar Pam mais ciente de suas aptidões e talentos?
_____
_____
_____

Será que o método de autoconvencimento poderia ser útil no caso de Pam? Em caso positivo, como você abordaria esse conceito e sua importância para Pam?
_____
_____
_____

As mudanças que Pam pretende são substanciais, extremamente variadas e podem levar um longo tempo para ser implementadas. Como você poderia auxiliar?
_____
_____
_____
_____

CAPÍTULO 4

Comportamentos Positivos

SETE TIPOS DE ASSISTÊNCIA DO MENTOR

Pesquisa realizada em diversas empresas privadas e agências do governo revelou a existência de sete tipos de assistência que o mentor pode prestar que são particularmente úteis no encorajamento do crescimento do mentoreado. São eles:

1. Auxiliar na mudança do contexto mental da pessoa.
2. Escutar quando o mentoreado apresentar um problema.
3. Identificar os sentimentos do mentoreado e verificá-los (*feedback*).
4. Confrontar com eficiência as intenções ou comportamentos negativos.
5. Prover informações apropriadas, quando necessário.
6. Delegar autoridade ou ceder permissão.
7. Encorajar a exploração das opções.

De diversas formas, esses sete itens são componentes valiosos no processo de crescimento de cada um de nós. Sua força não reside na noção de que eles pretendam resolver todos os problemas do mentoreado – isso não é possível. Porém eles alcançam todas as necessidades *básicas*, e quando ofertados em momentos cruciais na vida da pessoa, são capazes de auxiliá-la a resolver o problema ou tomar a decisão e prosseguir seu caminho.

INFLUÊNCIA NO CRESCIMENTO

Responda abaixo somente as perguntas com as quais se sinta à vontade.

Agora é o momento de mudar? Na vida, nosso crescimento pessoal começa a tensionar as ligações de nossos problemas, como quando um adolescente luta para se tornar um adulto.

Identifique três situações em que um mentoreado promissor e atuante poderia estar preparado para passar ao estágio seguinte de seu desenvolvimento

1. _____
2. _____
3. _____

Reflita sobre alguma decisão importante que você tenha sido obrigado a tomar em sua vida particular na qual você se sentiu dividido entre duas alternativas. Liste três coisas que precisou obter das pessoas que estavam próximas na ocasião.

1. _____
2. _____
3. _____

Relembre uma certa fase de sua vida em que cometeu ou esteve prestes a cometer um engano sério ou um erro de julgamento. Identifique três atitudes que alguém praticou ou poderia ter praticado, na tentativa de evitar piores conseqüências.

1. _____
2. _____
3. _____

Considere quais dessas três situações poderiam ter sido beneficamente influenciadas por um mentor eficaz. O que uma pessoa assim poderia ter feito para lhe prestar ajuda?

_____
_____
_____
_____

TROCA DE CONTEXTO

A imaginação é o componente mais importante do desenvolvimento de uma pessoa. O novo funcionário precisa estar apto a imaginar a si mesmo como um grande trabalhador na área escolhida, um membro bem inserido em seu grupo de trabalho, um provedor produtivo para sua família, para si mesmo, o que for o caso. A imaginação construtiva aparenta ser um componente crucial do sucesso em qualquer campo ou iniciativa. Por outro lado, uma visão sombria do futuro alheio quase sempre precede o fracasso.

Enquanto mentores, se auxiliarmos os mentoreados a criarem um novo contexto satisfatório para as próprias vidas e trabalho – uma visão pessoal de uma mudança saudável – nossos mentoreados, por sua vez, irão fazer quase tudo o que for necessário para transformar essa visão em uma realidade.

Essa arte da transformação pessoal é algo que todos nós tendemos a fazer inconscientemente enquanto estamos amadurecendo. Ocorre que algumas pessoas ficam perdidas no meio do processo. Elas se baseiam em modelos e hábitos ultrapassados. Enquanto o mundo se move sempre para frente, elas nadam em obsolescência crescente, sempre em desespero.

Ajudando a nós mesmos ou a outros na criação de um conceito pessoal de como seria a excelência em nossas vidas, como ela soaria, aparentaria, e até o gosto que teria, isso pode nos mover em direção à conquista de uma meta positiva. Uma vez que essa imagem seja formada em nossa mente, tendemos quase que de forma automática a fazer todo o necessário para transformar essa visão em realidade. As pessoas bem-sucedidas tendem a utilizar esse tipo de recurso mental para guiar sua trilha até onde elas desejam chegar.

Os mentores costumam ajudar seus mentoreados a visualizar as metas que valem a pena e partirem em perseguição a elas. A noção de troca de contexto é uma arte evolutiva que os mentores podem compartilhar com seus mentoreados.

VISUALIZANDO RESULTADOS →

VISUALIZANDO RESULTADOS

> *Antes do plano vem a visualização.*

Carl Ditton trabalha como engenheiro há 15 anos, desenhando circuitos de microcomputador para uma firma de eletrônica. Ele está também entediado "ao extremo". Embora seja visto como um vencedor e tenha amealhado uma quantia que considera bastante razoável, ele deseja sair da empresa.

Certo dia, enquanto ele meditava, visualizou a si mesmo vendendo casas bonitas e espaçosas para várias pessoas. Ficou animado com essa visão. Esquematizou uma lista de condições necessárias para que ele se aventurasse no mercado imobiliário. Aquilo não era um plano – ele poderia confiar em seu subconsciente criativo para a formulação de algo que pudesse seguir intuitivamente. Também preenchia os requisitos. Era articulado, organizado, persistente e lidava bem com o público.

Mais tarde Carl utilizou sua lista de condições para se imaginar como um corretor de imóveis bem-sucedido, vendendo lindas e espaçosas casas para um grande número de pessoas e reunindo uma boa quantidade de comissões. Ele imaginou sua família verdadeiramente feliz em sua ampla casa, que comprou à vista.

Logo ele se viu praticamente realizando seu sonho, inscrevendo-se em um curso para se licenciar como corretor de imóveis. Dez anos mais tarde já era um multimilionário, deleitando-se com seu trabalho. Carl acreditou que o segredo de seu sucesso residiu em visualizar a si mesmo executando as novas tarefas com tanta nitidez e realidade que até podia ver, ouvir e sentir-se como um grande corretor. Ele era capaz até mesmo de sentir o perfume das flores do jardim da casa que imaginava estar vendendo.

Visualize uma meta pessoal que você gostaria de atingir e poderia conquistar individualmente. Imagine-se lá. Focalize o *fato*, e não o *modo*. Descreva o que vai sentir quando atingir seu objetivo:

_____
_____
_____
_____
_____

SABENDO OUVIR

Quantas vezes você serviu como confidente a um amigo, parente ou colega quando eles sentiram necessidade de alguém que ouvisse seus problemas? Com que freqüência desejou ter uma pessoa disponível para conversar sobre coisas que o estavam incomodando? Quantas vezes você experimentou a libertação ou o alívio de ser capaz de superar algo através do desabafo?

Oferecer o ombro amigo, sem interferir no problema da pessoa, dar conselhos ou ajudá-lo no processo de catarse, pode ser um dispositivo poderoso para o mentoreado. Muitos mentores acreditam que a escuta atenciosa é o componente mais importante do *mentoring*.

A escuta atenciosa é o talento de tornar-se absorvido pelos aspectos do problema que a pessoa está relatando, tratando suas palavras como uma comunicação confidencial, sem inserir comentários, opiniões ou sugestões. Quando ocorre a escuta atenciosa, a outra pessoa tem a oportunidade de vislumbrar o próprio problema falando sobre ele, deixando fluir as palavras, talvez desenvolvendo algumas soluções alternativas, e na maioria dos casos ganhando conforto e alívio emocional quanto às incertezas que a estão incomodando.

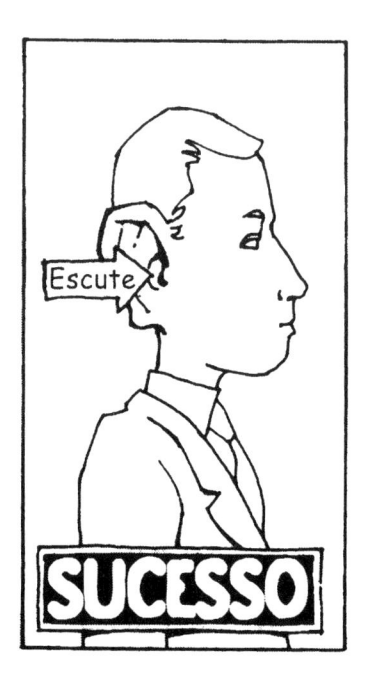

ESCUTA ATIVA

A escuta ativa envolve cumplicidade com o que a outra pessoa está dizendo. Significa permitir que seu mentoreado fale sem interrupções (a menos que você encerre a discussão por alguma razão importante); reconhecendo que o problema relatado é real, ao menos para ele; e não colocando suas próprias impressões, opiniões ou soluções. Escutar alguém, para o bem dessa pessoa, não é discutir. Você escuta durante uma discussão, mas na presente hipótese está agindo como um agente facilitador para que a outra pessoa possa descarregar todos os seus problemas.

Abaixo encontram-se três afirmativas que podem ser levantadas por seu mentoreado. Qual é a mensagem dele?

1. "Logo que ingressei na empresa, realmente pensei que iria chegar a algum lugar. Bem, dois anos se passaram e ainda estou executando as mesmas tarefas." Anote sua percepção dessa mensagem:

   _____
   _____
   _____

2. "Esse é o tipo de trabalho em que me entrego totalmente. Envolvo-me tanto que não consigo me desligar quando vou para casa. Algumas vezes passo a noite em claro pensando no trabalho." Qual é a mensagem que o mentoreado está transmitindo?

   _____
   _____
   _____

3. "Quando fiz a apresentação na terça-feira, pensei que iria me apoiar, mas você ficou calado. Não fez nenhum comentário. Para que serve um mentor? Que mensagem seu mentoreado quer lhe transmitir?

   _____
   _____
   _____

Identifique os *sentimentos* que seu mentoreado expressou em cada afirmativa:

1. _____
2. _____
3. _____

ESCUTANDO OS SENTIMENTOS

A função principal do *mentoring* é a ajuda que o mentor oferece aos mentoreados para os auxiliar a resolver os problemas que encontram, através da escuta, aconselhamento, *coaching*, fornecimento de informações, exploração de opções, e *talvez* através da intervenção direta – muito embora isso seja muito raro quando os estamos ajudando a serem auto-suficientes. Esses problemas chegam até nós freqüentemente através de afirmações que os mentoreados fazem durante encontros particulares ou sessões de aconselhamento com seus mentores. Tais mensagens sempre fornecem o contexto em que o *mentoring* ocorre.

Nas mensagens defeituosas o sentimento é freqüentemente mais importante que o fato, a partir do momento em que o sentimento reflete a preocupação humana e seu ponto máximo na motivação.

Os fatos embutidos na mensagem refletem a realidade objetiva; como a pessoa se sente em função deles identifica se o problema é real ou não, as respectivas dimensões, e freqüentemente sua importância.

Por exemplo, "que horas são?" perguntado de maneira incidental pode refletir a necessidade de informação. A mesma pergunta da seguinte forma "nossa, que horas são?" e com tom de urgência é uma mensagem totalmente diferente – indica um problema em potencial. Os fatos objetivos podem ser idênticos em ambos os casos. Mas a urgência expressada na segunda situação pode conter um problema que requer uma solução.

Infelizmente, a ênfase que damos aos fatos em nossa sociedade freqüentemente diminui nossa capacidade de reconhecer os sentimentos do outro, e talvez até mesmo os nossos próprios. Os sentimentos são importantes – eles motivam nossas ações – e nossa inabilidade em detectá-los pode significar que estamos perdendo a parte mais importante das mensagens que as pessoas estão nos transmitindo.

ESCUTANDO PARA MOTIVAR

Pesquisadores na área da motivação dizem-nos que existem quatro tipos básicos de emoção: medo, raiva, dor e alegria. Esses sentimentos variam em intensidade, de pouco até muito. Por exemplo, o medo pode variar desde um vago desconforto até o pânico; a raiva pode ser sentida como uma leve sensação de perturbação até o ódio descontrolado. Nossas respostas a essas emoções também podem variar. Podemos ter suprimido a sensação do medo ou dor de nosso interior tão profundamente que não demonstramos reação até que a emoção nos arrebate totalmente.

Algumas emoções são combinadas com pensamentos. Os resultados são sentimentos tais como o desapontamento, o desconforto e a satisfação.

A capacidade de detectar as emoções e os sentimentos de outros para responder apropriadamente é uma façanha notável do *mentoring*. A partir do instante em que os sentimentos motivam as pessoas a agir ou não, ignorá-los pode limitar sua eficiência como mentor e agente facilitador. Abaixo encontram-se diversas afirmativas que um mentoreado pode exprimir. Identifique os sentimentos e motivações expressos.

Afirmação do Mentoreado	Sentimento Expresso	Motivação	Ação Provável
Essa parece ser uma boa idéia...mas eu não tenho certeza.			
Li no jornal essa manhã que nossa empresa tem alguns problemas sérios.			
Não posso suportar esse homem – ele é muito desagradável			
Ninguém me prometeu um mar de rosas, mas isso é ridículo			
Acho que não vou ter sucesso nesse programa. Não estou preparada...			

CONFRONTAÇÃO PRODUTIVA

Algumas vezes o mentor considera que é importante confrontar a atitude, o comportamento ou plano de seus mentoreados. Criticar, ameaçar ou pressionar o mentoreado a adotar outro curso pode reduzir sua auto-estima. Ademais, a medida nem sempre é eficaz – pode fazer com que o mentoreado se retraia a respeito de seu plano ou ação. Pode também gerar resistência ou ferir o relacionamento.

Especialistas em comunicação têm descoberto que o confronto da mensagem "eu" – uma mensagem direta autêntica do mentor – é a maneira mais eficiente de despertar mudanças favoráveis no mentoreado.

A mensagem "eu" geralmente contém três etapas:

1. Uma descrição neutra da percepção sobre as intenções do mentoreado
2. Uma afirmação dos possíveis efeitos negativos no mentoreado ou outras pessoas.
3. Os sentimentos ou emoções que estão sendo gerados em você acerca do plano do mentoreado.

Uma mensagem "eu" funciona porque ela *não diz* ao mentoreado como deve se comportar. O mentoreado é quem toma a decisão.

Uma vez que o mentor tenha confrontado o mentoreado, é indicado escutar enquanto este tenta resolver seu problema.

Exemplo:

Seu mentoreado já afirmou, com determinação, seu intuito de delatar um supervisor de outro departamento: "Vou dar a ele o que merece."

Mensagem "eu":

"Eu me preocupo com sua intenção de arruinar Joe, porque tal procedimento pode danificar seriamente sua relação com esse departamento."

"Eu não me importo, ele criou a situação."

"Agora estou preocupado com a possibilidade de você seguir adiante sem dar importância às conseqüências."

MENSAGENS NA PRIMEIRA PESSOA DO SINGULAR – "EU"

Escreva uma apropriada mensagem "Eu" para cada uma das três situações descritas abaixo.

1. Seu mentoreado faz uma observação pejorativa a respeito da etnia, cultura ou origem racial de um membro do grupo.

   _____
   _____
   _____

2. Seu mentoreado declara que o *mentoring* não o está ajudando, e ele deseja sair da relação.

   _____
   _____
   _____

3. Seu mentoreado está trabalhando em horário integral e tem obrigações familiares. Ela diz que pretende se inscrever em cursos extras no outono. Você está preocupado que a sobrecarga possa levar ao fracasso e, conseqüentemente, ao desânimo.

   _____
   _____
   _____

Agora examine as suas mensagens "eu" novamente. Elas contêm:

- Uma afirmação clara, porém neutra, do problema como você o enxerga?
- Uma afirmação das conseqüências negativas que você percebe das atitudes do mentoreado?
- Uma afirmação de seus sentimentos ou preocupações sobre o comportamento ou intenção do mentoreado?

ESTUDO DE CASO: RAY

Você é Imelda Rodrigues, uma contadora executiva altamente bem-sucedida que, nos últimos cinco anos, obteve os melhores resultados de sua divisão. Três meses atrás você foi convidada a participar de um programa formal de mentoring dos formandos recém-contratados. Três meses atrás você foi incumbida de mentorear Ray Golightly durante seus seis primeiros meses de trabalho.

Ray insiste de todas as formas em galgar até o topo o mais rápido possível. Você não vê nada de errado em sua ambição – até lembra de você mesma. No entanto, questiona alguns de seus métodos.

Ray parece dedicar a maior parte de seu tempo e energia em fazer contatos em vez de demonstrar seu talento através do desempenho.

Ray refere-se ao trabalho que lhe foi atribuído por seu supervisor de "idiota". Ele entrega o seu trabalho "de forma apressada, desleixada", citando as palavras de seu supervisor.

Sua companhia foi enxugada três anos atrás, e, no processo, diversos administradores foram demitidos. A organização agora é implacável, cada funcionário detém uma enorme carga. Quando você coloca essa situação para Ray, ele vê uma oportunidade: "É menos gente para ficar no meu caminho", responde ele. E continuou a comportar-se da mesma forma.

Ray interagiu com você no início, mas interpretou seus esforços em ajudá-lo em relação às necessidades e metas da organização como uma forma de "intromissão em seus assuntos".

Seria bastante fácil não recomendar Ray para ser confirmado no emprego – e avisá-lo de suas intenções – para ver se assim ele mudaria seu procedimento. Porém, na condição de mentor dele, você sente que deve dispensar algum esforço para recuperá-lo. No entanto você não está certo de como proceder.

(Vire a página para registrar sua resposta)

SUA OPINIÃO

CONSIDERE O EXEMPLO DE RAY

A percepção de Ray da vida corporativa poderia estar influenciada pelos filmes produzidos na década de 80 sobre o alpinismo empresarial? Levando-se em conta o enxugamento da empresa, o pensamento de Ray poderia estar totalmente equivocado? Dê suas impressões:

_____
_____
_____
_____

Que modelo mental Ray apresenta na vida corporativa? Liste três ou mais componentes desse provável modelo:

_____
_____
_____
_____

A partir dos conceitos e ferramentas discutidos neste capítulo, desenvolva um plano para o *mentoring* de Ray. Esboce seu plano:

_____
_____
_____
_____

A competição ou cooperação interna são capazes de oferecer grandes recompensas dentro de nossa sociedade altamente profissionalizada e técnica? Explane seu ponto de vista.

_____
_____
_____
_____

CAPÍTULO 5

Comportamentos a Serem Evitados

COMPORTAMENTOS NEGATIVOS

Os mentores só desejam que boas coisas aconteçam para seus mentoreados. Eles desejam que seus pupilos sejam eficazes, produtivos, tenham êxito, sucesso e felicidade. No entanto, em sua ânsia de ajudar seus mentoreados, pode ocorrer que pratiquem comportamento que não redundem em benefícios. Tais comportamentos são:

- Crítica
- Aconselhamento
- Resgate dos indivíduos de sua própria insensatez

Dr. Eric Berne era um psiquiatra e pai da análise transacional – o método de análise da comunicação humana para determinar seu conteúdo e intenção psicológica. Ele ressalta que esses três comportamentos fazem parte de um jogo psicológico negativo, que envolve a desaprovação de outra pessoa, de você mesmo ou as pessoas em geral.

Tais jogos são basicamente destrutivos. Alguns, ou até mesmo todos, saem do jogo sentindo-se mal – irritados, deprimidos ou assustados. É comum tais jogos começarem com uma afirmativa absoluta, como por exemplo: "John, você está *sempre* atrasado, você *nunca* chega na hora". Esse exagero cria rejeição à mensagem, resistência e briga. O comportamento atual de John – o fato de que está atrasado hoje – não foi examinado nem avaliado. Esses jogos psicológicos tendem a repetir-se indefinidamente. O censor continua a censurar, o censurado resiste, e quase não há alteração de comportamento.

Muitos de nós aprendemos, pelo menos através do exemplo, a criticar, dar opiniões, e prestar auxílio algumas vezes inadequadamente. Pesquisas acerca das habilidades de *mentoring* indicam que esses comportamentos devem ser oferecidos moderadamente, quando for aplicável.

"Você não pode me forçar a agir do seu jeito!"

ALTERNATIVAS CONSTRUTIVAS

Você aprecia, gosta ou procura a crítica? Até mesmo quando você pede *feedback* de seu comportamento, você espera secretamente receber informações favoráveis?

Relacione cinco coisas que outra pessoa possa auxiliá-lo a alterar para melhor. Leve em conta exemplos pessoais tais como perda de peso, parar de fumar, etc. Pense a respeito de que maneira outra pessoa poderia, de fato, ajudá-lo.

1. _____
2. _____
3. _____
4. _____
5. _____

O que o faz sentir-se melhor quando está conseguindo obter sucesso em direção a uma meta pessoal significativa? Liste cinco avaliações que auxiliam seu progresso.

1. _____
2. _____
3. _____
4. _____
5. _____

Quando você tenta algo e se envolve em problemas por causa disso, como desejaria que as pessoas a seu redor se comportassem? Liste cinco tipos de comportamento que você gostaria de ver.

1. _____
2. _____
3. _____
4. _____
5. _____

As idéias que relacionou são idéias a que seus mentoreados irão responder favoravelmente, sem dúvida, se partirem de você.

O PROBLEMA DA CRÍTICA

Você já percebeu como a maioria das pessoas não reage bem às críticas, mesmo quando é feita a título de "crítica construtiva?".

A crítica é avaliatória e julgadora, não adianta revesti-la de simpatia ou usar eufemismos. Quando fazemos uma crítica "construtiva", desejamos que nossa mensagem seja útil para a outra pessoa. Porém, nossas intenções são podadas na medida em que a crítica fere a auto-estima, gera um bloqueio defensivo, e drena a energia necessária para a construção da ação. Ademais, se o sujeito aceita a crítica, ele reconhece que estava errado – algumas vezes é algo que não fará se a atitude for proposital, tampouco fará se julgar que estava certo.

As duas maiores motivações humanas são a sobrevivência e a segurança. Essas motivações são ameaçadas pela crítica e a avaliação. Para alguns, a crítica, a reclamação e a censura são hábitos de autodefesa muito arraigados, que tendem a prolongar o problema. Já percebeu que praticamente não existe mudança após a censura?

Evitar a crítica não significa aceitar o comportamento negativo, desempenhos fracassados ou ações reiteradamente autodestrutivas. Quando o comportamento do mentoreado não está de acordo, precisamos pensar bastante em uma intervenção eficaz.

O segredo do sucesso está em tentar novas abordagens objetivas e criativas para encorajar as mudanças benéficas, muito mais do que repetir os mesmos erros indefinida e negativamente como os críticos costumam fazer. Quando a performance de alguém está aquém das expectativas, o que a pessoa precisa é de informação e não de crítica.

ALTERNATIVAS SAUDÁVEIS

Quais seriam as alternativas "reflexivas" para a crítica automatizada? Os mentores constantemente dão o melhor de si quando ajudam seus mentoreados a interromper padrões de comportamento repetitivamente negativos. Quando a pessoa repete os mesmos erros, a solução não é dar a ela a mesma resposta todas as vezes. O caminho mais positivo para mudar o comportamento é observar as atitudes e identificar os elementos de repetição para que possam ser modificados – mesmo que a mudança seja dolorosa.

Por exemplo, se um mentoreado apresentar repetitivamente um desempenho ruim na execução de determinada tarefa, em vez de encorajá-lo a fazer melhor, reclamar ou adverti-lo sobre as conseqüências, uma nova análise do problema poderia ser útil.

Um desempenho deficiente pode ser visualizado como uma lacuna entre o que é necessário e o que está sendo produzido. Essa lacuna precisa ser descrita e medida. Um plano mútuo precisa ser desenvolvido para preencher a lacuna de forma que assim o problema desapareça. Mentor e mentoreado precisam cooperar na resolução do problema.

O que é produzido −	O que é necessário +

Melhoria/Mudança

Essa lacuna na performance é descrita em termos neutros, não-avaliativos. O fechamento da lacuna é encarado como uma meta a ser alcançada.

Pense em três problemas pessoais ou de mentoreados que você já tenha observado. Descreva-os em primeiro lugar sob o ponto de vista avaliativo, depois em termos neutros, designando "lacuna".*

Termos Avaliativos	**Em termos neutros "lacuna"**
1. _____	_____
2. _____	_____
3. _____	_____

* O termo "lacuna" é específico e mensurável, freqüentemente sugerindo uma forma de solucionar o problema.

O PROBLEMA COM O ACONSELHAMENTO

Muitos mentores acreditam que uma grande parte de seu trabalho é aconselhar seus mentoreados.

Existe um aspecto negativo no aconselhamento. Quando damos conselhos, presumimos que detemos maior conhecimento, discernimento ou sabedoria relacionada ao problema. Isso pode ser verdade quando nos engajamos em um discurso profissional.

Mas quando estamos lidando com um problema particular do mentoreado, vinculado ou não ao trabalho, nosso mentoreado certamente conhecerá muito mais acerca do assunto do que nós jamais saberemos. Afinal de contas, ele está vivenciando o problema. Quando tentamos dar conselhos ou oferecer sugestões acerca de problemas particulares, freqüentemente encontramos uma resistência frustrante e diversos "sim, mas..." Isso pode não ser tão surpreendente assim. É uma presunção e um tanto arrogante pensar que sabemos mais sobre o problema de outrem do que o próprio (mesmo que o problema seja de ordem profissional).

Freqüentemente podemos melhor ajudar nossos mentoreados:

1. Escutando cuidadosamente enquanto eles relatam seus problemas.

2. Dando retorno das emoções que escutamos deles pela expressão, confirmando que nós não somente escutamos o que disseram, mas compreendemos a profundidade da natureza emocional do problema.

3. Ofertar idéias ou informações, quando solicitadas, que poderão ajudá-los a encontrar sua própria solução.

Os mentoreados mais independentes realmente não desejam receber conselhos, apesar de valorizarem a experiência do mentor, idéias, conhecimento de como as coisas funcionam e opiniões especiais sobre os problemas. Para reforçar sua independência, ofereça ajuda sem forçar. Eles precisam aprender a tomar suas próprias decisões, se é que já não aprenderam até o momento.

Mentores eficazes não abrem mão de oferecer ajuda. Eles compartilham, modelam, ensinam, não assumem os problemas de alguém a menos que haja uma crise que exija ação imediata. O crescimento do mentoreado depende da descoberta da solução de seus próprios questionamentos.

INFORMAÇÕES *VERSUS* CONSELHOS

O Dr. Steven B. Karpman sugeriu o Triângulo do Drama, uma maneira de analisar os jogos psicológicos, para ilustrar os motivos pelos quais as pessoas resistem a aceitar conselhos.

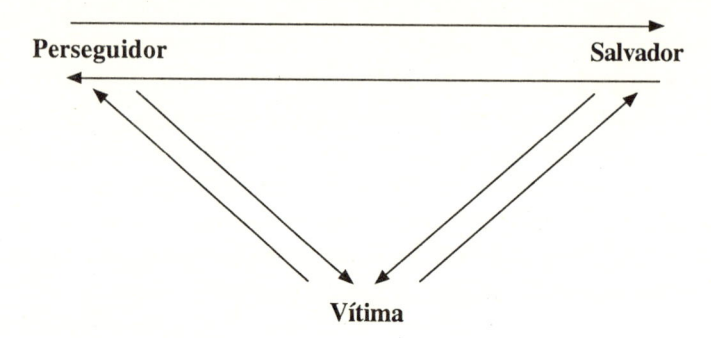

```
Perseguidor ──────────────── Salvador
         ╲                  ╱
          ╲                ╱
           ╲              ╱
            ╲            ╱
             ╲          ╱
                Vítima
```

Quando uma pessoa sente-se vitimada por um problema, ela solicita "socorro" à pessoa que presumivelmente está apta a salvá-la (isto é, uma pessoa mais capaz do que ela própria). Os sentimentos de inadequação da vítima são reais, mas sua falta de capacidade usualmente não é.

O possível salvador aceita a inadequação da vítima e dá um conselho. Agindo assim, ele contribui para o componente "Por que você não" do jogo psicológico "por que você não – sim, mas"

Com maior freqüência ainda a vítima rejeita o conselho dizendo "sim, mas," seguida da razão pela qual não aceitará o conselho. Isso não chega a causar surpresa, pois obviamente ela conhece todos os aspectos de *seu* problema e provavelmente já avaliou e afastou todas as respostas mais prováveis.

O salvador possui apenas a informação que a vítima lhe dá em resposta a cada sugestão. Ele continua a sugerir, e suas sugestões são rejeitadas por uma nova razão não aparente.

Finalmente, o salvador se impacienta com as rejeições e torna-se um perseguidor. Ele diz alguma coisa que significa "Vá embora – você não deseja realmente solucionar esse problema".

Essa altura cada membro está confinado em seu próprio julgamento. A vítima sente-se cada vez mais vítima. Não apenas deixou de resolver seu problema, como também fez com que o salvador se exasperasse com ela. O possível salvador confirmou sua crença de que a vítima era e ainda permanece inadequada. A vítima também está convencida de que o problema é complexo demais para ser resolvido por quem quer que seja. Dessa forma, a relação toda ficou deteriorada.

O PROBLEMA COM O AUXÍLIO

O mundo está repleto de vítimas verdadeiras, pessoas que enfrentam dificuldades sem ter contribuído em nada para isso. Com freqüência essas pessoa necessitam de ajuda, da mesma forma que acontece quando um furacão arrasa a cidade ou ocorre um acidente de carro ou quando um empresário fecha suas portas.

Um outro tipo de vítima também necessita de orientação, porém um tipo diferente de auxílio. Alguns indivíduos, em razão de seus sentimentos de inadequação, sentimento de perseguição ou má adaptação às crises de sua vida, estabelecem um padrão repetitivo de fracasso. Quase todos nós agimos assim em alguma área de nossas vidas. Se não vivenciarmos o fracasso real, poderemos deixar de assimilar tudo aquilo que somos capazes de executar.

Quando certos padrões de disfunções comportamentais ocorrem na vida pessoal ou profissional do mentoreado, o mentor pode auxiliar, apontando a natureza repetitiva das situações. O mentor pode utilizar suas habilidades aconselhadoras para auxiliar o mentoreado a interromper esse comportamento padronizado.

Proteger o mentoreado, ou preparar para assumir o problema, não é a melhor solução a longo prazo. Um auxílio temporário numa crise pode ser apropriado, mas quando é formado um padrão recorrente desse comportamento protetor, o mentor se torna parte integrante do problema do mentoreado.

AUXÍLIO MALDIRECIONADO

A *mentoring* deve ser uma experiência prazerosa, satisfatória. Quando nos sentimos incomodados, desconfiados ou ansiosos, nossos sentimentos negativos são excelentes dicas de que algo está faltando. São sinais da necessidade de identificação, definição e solução do problema. Em cada uma das seguintes afirmativas de componente mental, aponte os sentimentos para ajudar na definição da natureza e magnitude do problema. Depois, identifique o que você consideraria uma intervenção ou resposta típica. Após, indique uma resposta construtiva baseada no material contido nesse manual.

1. "Acho que o programa interno é uma perda de tempo. Não vai me trazer bem algum e eu gostaria de sair dele."

Sentimento: _____

Intervenção Clássica _____

Resposta Eficaz _____

_____

2. "Novamente pensei que teria uma chance de conseguir o que queria e mais uma vez falhei."

Sentimento: _____

Intervenção Clássica: _____

Resposta Eficaz: _____

_____

3. "Tenho a impressão de que nunca vou progredir. Minhas finanças são uma tremenda confusão, tenho cobradores atrás de mim o tempo todo e não sei o que fazer. Posso até falir."

Sentimento: _____

Intervenção Clássica: _____

Resposta Eficaz: _____

_____

ESTUDO DE CASO: EDDY

Eddy Chang formou-se recentemente em uma escola de engenharia de primeira classe. Ele chegou em nosso departamento há menos de um ano. É amável e considerado por todos os seus colegas. Sua qualificação profissional é impressionante, e apresenta sinais de que seus talentos podem ser muito bem explorados caso se adapte.

Você é Jim Backus, seu supervisor técnico. Você é o desenhista-chefe e já trabalha na organização há 12 anos. Já passou um tempo razoável ensinando a Eddy tudo o que podia, mas passou maus momentos tentando entender o seu discurso. Por vezes ele também não entende nada do que você diz.

A família de Eddy emigrou do Sudeste da Ásia para os EUA há muitos anos. Alguns parentes acolheram sua família nos Estados Unidos, e Eddy pôde terminar o segundo grau e faculdade com boas notas.

Através de muita dedicação, Eddy é capaz de exprimir suas idéias adequadamente por escrito, porém as apresentações orais são desastrosas. Sua apresentação dos resultados de um trabalho durante um simpósio interno semanal foi uma bomba. Seus slides demasiadamente altos estavam atolados de equações, ele balbuciava as palavras enquanto lia suas notas, não olhava para a platéia, e apresentou sua informação oral de uma forma resumida demais.

Alguns dos participantes cochilaram, alguns liam outro material, e outros conversavam entre si. Na fase de perguntas e respostas, nenhuma questão foi levantada. Você estava sem graça tanto por Eddy quanto por seus colegas e seu comportamento.

Mais tarde seu gerente pediu-lhe que mentorizasse Eddy além de supervisioná-lo. Desde que você começou a ensinar o trabalho a ele o mais rápido e o melhor que podia, pensou que estivesse mentorizando. Quando fez essa observação, seu chefe disse: "Não, isso vai além de seu trabalho. Tente ser amigo dele, ajude-o a melhorar. Faça o que puder para transformá-lo em um vencedor".

(Registre suas respostas na próxima página)

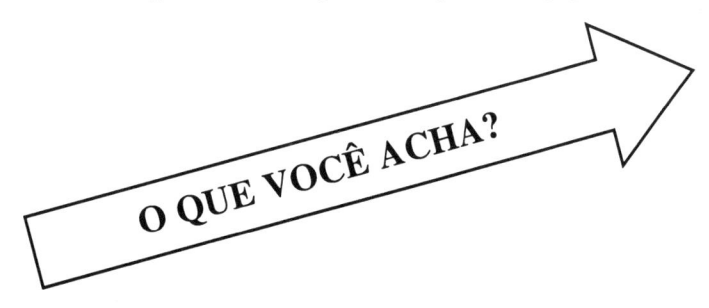

O QUE VOCÊ ACHA?

CONSIDERE O CASO DE EDDY

Relacione o que você considera um obstáculo para o sucesso de Eddy:

_____
_____
_____
_____
_____
_____
_____
_____
_____

Que problemas interculturais podem estar escondidos:

_____
_____
_____
_____
_____
_____
_____
_____
_____

Relacione algumas idéias de como você poderia ajudar Eddy (especialmente aquelas que significariam "ir além de seu trabalho"):

_____
_____
_____
_____
_____
_____
_____
_____
_____

CAPÍTULO 6

Ganhos para o Mentor e Mentoreado

PARCERIA

O *mentoring* é sempre considerado como uma via de mão única, onde o mentor apenas dá enquanto o mentoreado recebe. No passado, esse relacionamento era vertical e paternalista, baseado na presunção de que o mentoreado não se encontrava em posição de fazer muita coisa em contrapartida, exceto ser um protegido submisso e grato.

Era uma tarefa difícil estabelecer uma comunicação de igual para igual, mesmo quando o mentoreado já tinha uma certa idade. Em algumas organizações, o mentor era usualmente uma pessoa mais velha (sênior) e o mentoreado era o seu aprendiz (júnior). Esse fato ajudava a reforçar o aspecto doador/recipiente do relacionamento. Este parecia tão normal, que poucas pessoas questionavam os pressupostos em que se baseavam.

Isso funcionava bem antigamente, proprocionando uma carreira de sucesso ao mentoreado e uma espécie de satisfação paternal ao mentor. Mas havia uma tendência de se produzirem clones e preparar pessoas para sucederem a outras em um mundo que já foi modificado. Nos tempos atuais de autopermissão e rápidas mudanças organizacionais e profissionais, o modelo sênior/Júnior precisa ser revisto.

Hoje em dia, o *mentoring* pode ser encarado como uma parceria, em que ambas as partes contribuem livremente para a discussão como iguais, trabalhando juntos, com base no respeito mútuo. Um mentor ainda pode deter maior conhecimento, experiência, sabedoria, mas o relacionamento pode ser demonstrado (até mesmo materialmente) mais funcional do que o modelo vertical de dar e receber. Afinal de contas, o mentor *ajuda*, mas o mentoreado *realiza* – de outra forma o relacionamento seria um fracasso.

EXTRAINDO O MELHOR DO RELACIONAMENTO

O *mentoring* não é uma atividade calculista. Não há necessidade de fazer balanço das contas ou restaurar dados. Assim, uma relação em que haja bondade, respeito ou doação mútua pode significar bastante para o mentor. Nos espaços abaixo, explore maneiras de como a doação pode fluir livremente no relacionamento.

Do ponto de vista do mentor: *coisas que você gostaria de obter do relacionamento – a sinceridade é crucial aqui.*	**Do ponto de vista do mentoreado:** *coisas em que o mentoreado pode contribuir para o relacionamento.*

GANHOS ANTECIPADOS

Exaltamos o altruísmo como um valor cultural. Fazemos tudo por amor – amor ao amigo, a nossos filhos, nossos pais, nossos vizinhos. Essa doação é usualmente honesta e sincera. Mas, a partir do momento em que também temos necessidades, esperamos que os outros também sigam esse mandamento de ouro e espalhem alguma alegria por nosso caminho. Se isso não ocorrer, poderemos ficar desapontados e possivelmente ressentidos.

Reconhecer que cada um de nós possui necessidades próprias sendo francos e honestos sobre elas pode auxiliar-nos a alcançar nossas expectativas. Quando não mencionamos nossas expectativas a respeito de alguém, esta será uma atitude bastante comum, mas injusta. Mentores e mentoreados precisam ser explícitos sobre o que esperam lucrar com o relacionamento. Isso ajuda a que ambas as partes determinem se esse encontro pode ser proveitoso ou não.

CALCULANDO AS EXPECTATIVAS PESSOAIS

Enquanto mentor, o que espera receber em troca de seu investimento em tempo e esforço?

1. Tipos de satisfação? _____
_____
_____
_____
_____

2. Tipos de reconhecimento e por parte de quem? _____
_____
_____
_____
_____

3. Tipos de recompensa? _____
_____
_____
_____
_____

4. Outros benefícios ou retornos? _____
_____
_____
_____
_____

5. Você desejaria dividir essas esperanças ou expectativas com seu mentoreado? ____
Em caso negativo, qual o motivo? _____
_____
_____
_____
_____

DEFININDO AS EXPECTATIVAS DO MENTOREADO

Alguns relacionamentos de *mentoring* terminam mal: em ressentimentos, em brigas, em frustrações. Assim como os piores divórcios, essas separações traumáticas sempre resultam de expectativas desencontradas de um dos lados ou de ambos. Algumas expectativas podem estar profundamente arraigadas na cultura ou criação da pessoa, como as percepções de como se espera que um homem vá agir e qual é o comportamento esperado de uma mulher. As expectativas podem estar em nível inconsciente e só virem à tona quando surge o conflito.

Por exemplo, desde meados da década de 80 muitas firmas reduziram suas operações, demitindo um grande número de gerentes de nível médio e trabalhadores profissionais. Diversas histórias figuraram na mídia a respeito de pessoas reclamando que seus mentores falharam em sua orientação. "Quando a situação piorou, ele se preocupou mais com a carreira dele do que em me ajudar", queixou-se um jovem profissional.

É muito pouco provável que mentores e mentoreados já tenham discutido qual é a prioridade, se é a carreira de um ou de outro. Todavia, aqueles que recebiam o *mentoring* tinham expectativas e cobravam atitudes de seus mentores sem tornar explícito seu pensamento. Se as pessoas mentoreadas fossem chamadas de protegidas e lhes dissessem que seriam auxiliadas por seus mentores nos avanços de suas carreiras, essas cobranças dirigidas aos mentores fariam sentido.

São necessários esforços para orientar as expectativas dos mentoreados antes do início da relação, durante o treinamento do mesmo, em conversas avaliatórias entre o mentor e mentoreado, bem como através de pequenos grupos de discussão formado por mentoreados. As expectativas do mentor devem igualmente ser exploradas ou expressadas – pelo menos durante o treinamento deste – e compartilhada abertamente com o mentoreado.

CHECANDO AS EXPECTATIVAS DO MENTOREADO →

CHECANDO AS EXPECTATIVAS DO MENTOREADO

Existem três métodos de avaliação das expectativas do mentoreado:

1. Pedir ao mentoreado para que faça breve exposição, em uma ou duas folhas, relatando o que ele ou ela pretende obter com o relacionamento – a curto e a longo prazo.

2. Pedir ao mentoreado que identifique brevemente sua percepção dos papéis e responsabilidades de cada uma das partes na relação.

3. Pedir ao mentoreado que relacione quaisquer necessidades ou aspectos que devam ser considerados no desenvolvimento do relacionamento.

Esse exercício é especialmente valioso se o mentor estiver desenvolvendo processo semelhante, em vez de simplesmente reagir ao trabalho do mentoreado. A falta de vontade de tornar suas expectativas explícitas pode ser um prenúncio de futuros conflitos e desentendimentos.

É muito importante que o mentor não reaja exageradamente diante das expectativas do mentoreado. Com muita freqüência são afirmações sinceras de expectativas reunidas a partir da experiência anterior do mentoreado e das noções que aprendeu a respeito do *mentoring*. Caso as expectativas do mentoreado estejam muito além do que o mentor está disposto a aceitar, eles poderão chegar a um ponto comum.

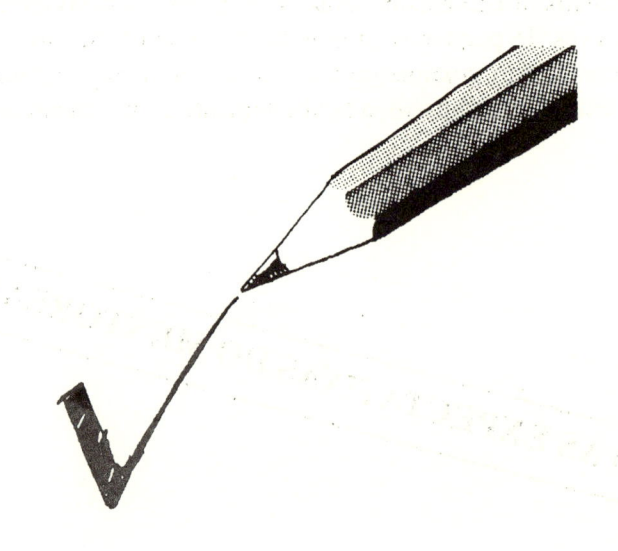

DESENVOLVENDO UM ACORDO ENTRE MENTOR E MENTOREADO

Quando as diretrizes do *mentoring* formal são traçadas, usualmente sancionadas pelo empregador, escola ou agência, um acordo entre as duas partes pode ser útil.

Quando ambas as partes em um relacionamento de *mentoring* deixarem claras as suas expectativas, a conciliação de pontos de vista pode se fazer necessária. Ao menos eles devem definir como trabalharão juntos e o que pensam em obter com essa associação.

Seu entendimento não necessita ser formal ou escrito. Qualquer esforço para estabelecer alguma "esperteza" será provavelmente desaconselhado. O *mentoring* é, fundamentalmente, um relacionamento amistoso, generoso e informal. Qualquer esforço para extorquir promessas é provavelmente baseado no medo, desconfiança ou hostilidade.

A meta principal do acordo é estabelecer objetivos para o esforço comum. Este será um acordo provisório, sujeito a prováveis mudanças. Sua natureza é mútua, pois ambas as partes precisam beneficiar-se em termos de satisfação e bem-estar.

Dos treinamentos medievais até os tempos de hoje, com as novas técnicas de aprendizagem e programas de treinamento, sempre houve certo entendimento entre os mentores e seus pupilos. Alguns são por escrito, mas isso é minoria. Não importa se escritos ou verbais, as intenções de cada pessoa e o que estão dispostas a investir no relacionamento devem ser deixadas claras e acordadas logo de início, bem como o resultado que gostariam de obter. O maior valor do estabelecimento desse acordo e de torná-lo explícito é o fruto surgido da livre discussão entre o mentoreado e o mentor. Uma conduta conciliatória durante esses debates é fundamental.

TESTANDO O ACORDO ENTRE MENTOR E MENTOREADO

Dentro de um *mentoring* formal, todos os acordos detêm pontos-chave que indicam se está funcionando ou não. Dependendo da natureza do acordo, tais pontos precisam ser revistos periodicamente. O mentor e o mentoreado devem discutir os itens que necessitam de revisão, exclusão ou melhoria. Um sistema que funciona bem parece ser o de reavaliação mensal, revisão trimestral ou checagens semestrais, que podem ser repetidas de seis em seis meses indefinidamente. É lógico que qualquer problema deve ser solucionado à medida que surja.

Quais são os três pontos-chave que um acordo entre mentor e mentoreado deve conter?

1. _____
2. _____
3. _____

Como esses pontos-chave podem ser ajustados dentro de uma reavaliação mensal?

1. _____
2. _____
3. _____

E dentro de uma revisão trimestral?

1. _____
2. _____
3. _____

E no caso da checagem semestral?

1. _____
2. _____
3. _____

ESTUDO DE CASO: MARY JANE

Mary Jane tem setenta e dois anos e jamais faltou ao trabalho em mais de trinta anos. Ela é alegre e ajuda todo mundo, executa bem suas tarefas e sempre diz que gostaria de trabalhar ali até os cento e dez anos. Costuma participar de diversas atividades cívicas e sociais e freqüenta um curso por semestre – geralmente sobre matéria profissional e ocasionalmente se matricula em algum "curso de lazer". Há vários retratos de netos e bisnetos enfeitando sua sala.

Recentemente Meg Rose divulgou que iria aposentar-se dentro de sete meses. No dia seguinte Mary Jane pediu a você que a preparasse para assumir o trabalho de Meg. Ela é amplamente qualificada e a mais antiga – apesar de que a antiguidade aqui é mais um costume que uma regra. Ela notou que você já mentorizou com sucesso várias funcionárias e apesar de não integrar o grupo de comando de Meg, você conhece bastante o trabalho dela e isto poderia ser útil.

Você é vice-presidente da empresa, a mulher mais importante dentro da corporação. Já quebrou diversos tabus a respeito da carreira feminina. É capaz de fornecer uma visão única a respeito do trabalho de Meg e sua relação com o trabalho desenvolvido por outros departamentos. No entanto, Kurt Smith, supervisor de Meg, não costuma aceitar bem a interferência alheia em sua área.

Mary Jane comentou com Kurt sobre seu interesse no cargo de Meg. Ele ficou surpreso e mencionou sua idade. Ela retrucou que tal observação poderia embasar uma ação por discriminação de idade, mas que ela desejava ganhar a vaga devido a sua experiência comprovada e sua ficha funcional. Ela realmente deixou o Sr. Smith com falta de ar. A Lei Federal contra a Discriminação por Idade no Trabalho é uma lei vigente naquele Estado e permite à pessoa trabalhar indefinidamente, desde que seu desempenho esteja de acordo com os padrões estabelecidos.

Mary Jane também disse a Meg que gostaria de ser sua sucessora. Ela disse: "Obter sucesso executando seu trabalho seria a coroação do êxito em minha carreira". Meg gosta de Mary Jane e provavelmente já a está mentorizando. Contudo, Mary Jane deixou claro para você que ela quer "receber o cargo".

(Vire a página para registrar sua resposta.)

REGISTRE SUA OPINIÃO

CONSIDERE O PENSAMENTO DE MARY JANE

Levando-se em conta a política, você concordaria em mentorear Mary Jane?
_____
_____
_____
_____

O que você gostaria de oferecer a Mary Jane como sua mentoreada? Liste o máximo de itens possíveis.
_____
_____
_____
_____

Você considera que a escuta ativa aos detalhes de Mary Jane seria apropriada neste caso?
_____
_____
_____
_____

Identifique qualquer item que possa fazer parte do acordo de *mentoring* que você deve estabelecer com Mary Jane.
_____
_____
_____
_____

Que recompensas pessoais você pode obter através do *mentoring* de Mary Jane?
_____
_____
_____
_____

CAPÍTULO 7

Situações Especiais

NOVAS ÁREAS DO *MENTORING*

Nas últimas décadas, o *mentoring* tem sido utilizada para uma imensa variedade de pessoas, situações e propósitos.

Nos ambientes acadêmicos, é utilizado para estimular e motivar estudantes especiais, para adaptar os estudantes em minoria à vida estudantil e fornecer auxílio dos mais graduados aos calouros, em áreas específicas. Agências do governo têm suprido mentores técnicos para os contratados recém-formados, designado mentores para o pessoal que acaba de ingressar no mercado de trabalho, e treinado funcionários experientes para ser mentores, visando facilitar o ajustamento de uma agência à crescente diversidade da força de trabalho. Firmas privadas já começaram a utilizar o *mentoring* como um instrumento para o desenvolvimento organizacional (não apenas uma ferramenta de desenvolvimento da carreira), como um método visando adaptar as organizações aos desafios competitivos, e para o planejamento da sucessão.

O *mentoring* informal também lida com uma variedade extensa de formas e serve como um anfitrião crescente para as necessidades do mentoreado. Mentores nacionais estão auxiliando, em nível global, na adaptação de homens de negócio às culturas, costumes e códigos legais não-familiares a eles. E a lista de aplicações continua crescendo.

As três situações especiais em *mentoring* abordadas neste capítulo – intergêneros, interculturais e *mentoring* dos supervisores ou gerentes – são exemplos das diversas formas que o *mentoring* pode apresentar. Elas representam os três desafios primários do *mentoring* quando é utilizado para adaptar nossa força de trabalho às alterações demográficas que ainda estão ocorrendo, a fim de nos preparar para operar dentro de um ambiente globalmente competitivo e implantar com eficácia mudanças organizacionais e tecnológicas.

PONTOS ESPECIAIS

IDENTIFICANDO OS PONTOS ESPECIAIS

Agora que você já está familiarizado com o *mentoring* e suas ramificações, liste dez áreas em sua organização onde o *mentoring* formal ou informal poderia ser útil.

1. _____   6. _____
2. _____   7. _____
3. _____   8. _____
4. _____   9. _____
5. _____   10. _____

Considere como a competição, mudanças na orientação de sua organização ou outros fatores externos estão afetando o futuro de sua empresa. Identifique dez inclinações que podem causar impacto em você e em outros funcionários.

1. _____   6. _____
2. _____   7. _____
3. _____   8. _____
4. _____   9. _____
5. _____   10. _____

Identifique três maneiras pelas quais o *mentoring* pode ser utilizado para influir no futuro da organização e no das pessoas que trabalham nela.

1. _____
   _____
   _____

2. _____
   _____
   _____

3. _____
   _____
   _____

MENTORING INTERGÊNEROS

Nas últimas décadas, o *mentoring* intergêneros em organizações tem sido raro. Diversos estudos sobre *mentoring* revelam um número de problemas relacionados com o *mentoring* intergêneros baseados em fofocas, inveja, suspeitas, especulações, falsas suposições, estereótipos sexuais e acusações de assédio sexual. Infelizmente, tais atitudes e comportamentos reduziram a eficácia do *mentoring* intergênero em alguns ambientes. Apesar disso, ambos os sexos têm muito a oferecer e ensinar um ao outro. O *mentoring* intergêneros pode conferir leveza ao ambiente de trabalho, enriquecer as vidas dos mentoreados e provê-los de valiosas impressões e experiências.

Uma força de trabalho em que ambos os sexos estejam contrabalançados e equanimemente considerados permanecerá ainda como ideal até ser transformada em realidade. O *mentoring* eficaz entre os sexos é uma das ferramentas que devemos usar para atingir esse balanceamento e justiça.

INTERGÊNEROS (continuação)

Relacione cinco vantagens para a organização ou para a sociedade do *mentoring* intergênero:
1. _____
2. _____
3. _____
4. _____
5. _____

Se você tivesse que mentorear alguém do sexo oposto, que habilidades diferenciadas poderia oferecer-lhe?
1. _____
2. _____
3. _____
4. _____
5. _____

Se você tivesse que mentorear alguém do sexo oposto, que habilidades diferenciadas acha que poderia aprender com ele?
1. _____
2. _____
3. _____
4. _____
5. _____

MENTORING INTERCULTURAL

Olhe a seu redor. Existem sinais de diversidade cultural por toda parte. Essa diversidade representa alguns dos relacionamentos mais sutis e penetrantes que se possa imaginar. Até mesmo nas sociedades relativamente homogêneas, as diferenças de classe social, origem religiosa, lealdade regional e tradições familiares podem gerar diferenças culturais que são capazes de complicar a tarefa do *mentoring*.

As divergências culturais e nossa resposta pessoal a elas configuram uma grande parte daquilo que nos torna únicos. Nossa raridade cultural também é capaz de possibilitar que cada um de nós aprecie facetas específicas de um problema, aborde sua solução a partir de diversos ângulos e contribua para obter uma solução mais compreensível, elegante e duradoura. Enquanto nossa sociedade se metamorfoseia de uma sociedade de bens para outra de valores humanos, o *mentoring* oferece uma ferramenta poderosa de beneficiamento a partir da diversidade cultural. Através da escuta cuidadosa, do respeito às diferenças, e pela prática da arte da inclusão, podemos construir uma organização e uma sociedade mais forte e compensadora.

INTERCULTURAL (continuação)

Quando vamos a um restaurante, ao trabalho, à igreja, ouvir música, assistir a um filme, vamos ao trabalho, falar com outra pessoa, jogar, dançar, ou receber atendimento médico, é inevitável reconhecer as vantagens que as pessoas do mundo inteiro ajudaram a criar. Podemos traçar o caminho que o espaguete percorreu da China até aqui, da medicina moderna até os árabes da antigüidade, das raízes do Cristianismo aos antigos hebreus, dos ritmos modernos até a África, ou a refeição Tex Mex que acabamos de saborear até os antigos Toltecas do México. Nossas vidas ganharam muito em riqueza e variedade obtidas através de pessoas do mundo inteiro, mesmo sem termos consciência disso. As contribuições são de uma diversidade infindável.

Identifique cinco maneiras pelas quais outras culturas influenciaram nossa sociedade.

1. _____

2. _____

3. _____

4. _____

5. _____

MENTORING ATRAVÉS DO SUPERVISOR OU GERENTE

Alguns dos *mentoring* mais poderosos, eficazes e duradouros podem ser praticados pela pessoa que detém a autoridade sobre o mentoreado – e aí podem ser incluídos os pais. O poder ou autoridade para recompensar ou punir as pessoas criam oportunidades e também obstáculos para o *mentoring* eficaz.

A situação de poder ou autoridade sobre o mentoreado pode trabalhar contra a ajuda, cuidados e o vigor do relacionamento. É difícil para o mentoreado descobrir suas próprias características quando há tantas interferências.

No entanto, o poder e autoridade não precisam ser usados negativamente. Uma vez utilizados com sabedoria, para desafiar, oferecer oportunidades, e encorajar, o poder e a autoridade podem fornecer valiosa assistência ao mentoreado. O mentor pode moldar um uso apropriado do poder pessoal – da voz, das habilidades literárias, de persuasão. O poder da experiência e o de avaliação podem oferecer infinitas oportunidades de enriquecimento ao mentoreado.

O *mentoring* por um supervisor ou gerente deve ser feito com cautela, com arte e justiça. Se decidir mentorear alguém subordinado a você, mentoreie a todos que o forem. Sob certo aspecto, trazer à tona o que o funcionário tem de melhor a oferecer pode bem definir a arte da supervisão. O *mentoring* pode contribuir fortemente para o desenvolvimento dessa arte.

A QUESTÃO HIERÁRQUICA

Hierarquia não é simplesmente uma questão de organizar as pessoas dentro de uma escada organizacional. Possuímos hierarquias de conhecimento, de experiência, de idade, e, por que não, de posição e poder. As hierarquias de influência, complexidades pessoais e de abstração também existem.

Relacione três formas através das quais você, ou alguém de que tem conhecimento, é capaz de influenciar pessoas através de outros caminhos que não são relacionados com a estrutura organizacional:

1. _____

2. _____

3. _____

A QUESTÃO HIERÁRQUICA (continuação)

A posição funcional possui uma relação estreita com a hierarquia. Porém a posição pode impedir a visão de algumas sutilezas a respeito das relações de *mentoring* e levar-nos a cometer enganos. Identifique uma ou mais pessoas respeitadas e admiradas por você e que estejam bem posicionadas nas seguintes áreas:

Integridade _____
_____

Sensibilidade em relação a outras pessoas _____
_____

Consideração com as pessoas _____
_____

Liderança moral ou ética _____
_____

Lealdade _____
_____

Quaisquer outras áreas _____
_____

Anote três formas em que você pode utilizar seu poder de influência para auxiliar o mentoreado – considerando ou não essa pessoa como seu mentoreado – a expandir seus horizontes, experimentar desafios razoáveis ou examinar o respectivo trabalho ou atividade sob outro prisma:

1. _____

2. _____

3. _____

RESUMO

Você pode praticar o *mentoring* formal ou informal. Você é quem decide! O investimento pode ser a longo ou curto prazo, resumido a uma única intervenção ou obedecendo a um plano preestabelecido. O sucesso de seu relacionamento dependerá do grau de comprometimento que você e o mentoreado estão dispostos a manter em prol dos desafios e para capitalizar as oportunidades.

As recompensas são imensas, e esperamos que este livro tenha sido útil para ajudá-lo a identificar os aspectos práticos da avaliação, desenvolvimento e manutenção do comportamento positivo no *mentoring*.

Feliz Mentoring!

Delegando para Vencer: Um Plano de Ação para o Futuro
Autor: Robert B. Maddux
Preço: R$ 16,00/Págs. 96/Formato: 20,5 x 25,5 cm.
ISBN: 85-7303-305-3
Sinopse: O livro foi concebido para auxiliar os supervisores e gerentes a reconhecerem e aplicarem habilidades básicas em delegação. A delegação é um processo de administração básica que pode ser aprendido e desenvolvido por qualquer pessoa que pretenda investir algum esforço e praticar técnicas comprovadas.

Visão, Valores e Missão Organizacional: Construindo a Organização do Futuro
Autores: Cynthia D. Scott/Dennis T. Jaffe/Glenn R. Tobe
Preço: R$ 16,00/Págs. 124/Formato: 20,5 x 25,5 cm.
ISBN: 85-7303-189-1
Sinopse: O propósito deste livro é dar ao leitor uma compreensão do processo de criação da visão e da importância dos valores do indivíduo, do grupo e da organização. A obra mostrará como estes elementos se encaixam para criar uma organização coerente, alinhada e produtiva.

Empowerment: Um Guia Prático para o Sucesso
Autores: Cynthia D. Scott/Dennis T. Jaffe
Preço: R$ 16,00/Págs. 104/Formato: 20,5 x 25,5 cm.
ISBN: 85-7303-193-X
Sinopse: O livro mostra como criar uma organização com empowerment, aumentando a competitividade e a lucratividade, realçando, assim, o valor da contribuição das pessoas na sua empresa, grupo ou equipe de trabalho. Através desta obra os gerentes poderão entender e liderar pessoas, a partir do momento que crie um novo tipo de ambiente de trabalho.

Organizando Seu Local de Trabalho: Um Guia para Produtividade Pessoal
Autora: Odette Pollar
Preço: R$ 16,00/Págs. 100/Formato: 20,5 x 25,5 cm.
ISBN: 85-7303-185-9/Ano: 1998
Sinopse: A autora ensina nesta obra técnicas práticas para que os profissionais aprendam a se organizar e mudar seus hábitos em relação ao seu ambiente de trabalho. Odette Pollar mostra que para organizar-se é preciso primeiro aprender a classificar, analisar e categorizar papéis e, depois, manter-se organizado. Segundo ela, o acúmulo de papéis começa quando se demora a tomar a decisão que permitirá ao documento continuar seu ciclo de vida.

Tomando Decisões de Maneira Criativa: Usando a Incerteza Positiva
Autora: H. B. Gelatt
Preço: R$ 16,00/Págs. 88/Formato: 20,5 x 25,5 cm.
ISBN: 85-7303-186-7
Sinopse: Este livro assume o desafio de reunir a doutrina da tomada de decisão da ciência clássica e os insights da ciência moderna para reposicioná-los num processo flexível e equilibrado. A autora recomenda uma abordagem paradoxal para tomar decisões em relação ao futuro quando você não souber o que ele será.

Influência: Como Promover a Cooperação no Ambiente de Trabalho
Autora: Elaina Zuker
Preço: R$ 16,00/Págs. 92/Formato: 20,5 x 25,5 cm.
ISBN: 85-7303-163-8
Sinopse: O objetivo desta obra é ajudar o leitor a compreender e identificar seu estilo individual de influenciar e como juntamente com os outros processam a informação. Esta informação irá melhorar suas habilidades de comunicação e sua capacidade de ouvir, possibilitando-lhe exercer maior influência sobre as pessoas e fazendo com que elas confiem em você e apóiem suas idéias.

Coaching e Aconselhamento: Um Guia Prático para Gerentes
Autor: Marianne Minor
Preço: R$ 16,00/Págs. 72/Formato: 20,5 x 25,5 cm.
ISBN: 85-7303-084-4
Sinopse: Este livro é um manual prático destinado ao autotreinamento. Ele apresenta os conceitos básicos do coaching e aconselhamento, técnicas muito utilizadas no exterior para motivar, ensinar, comandar e influenciar pessoas e equipes.

Atitude – O Mais Valioso de Todos os Seus Bens
Autor: Elwood Chapman
Preço: R$ 16,00/Págs. 88/Formato: 20,5 x 25,5 cm.
ISBN: 85-7303-071-2
Sinopse: O autor diz que uma atitude positiva pode fornecer ganhos mais altos de energia, maior criatividade e uma perspectiva melhor. A obra mostra que este tipo de atitude cria um estado de espírito para enfrentar os problemas, enquanto uma atitude negativa é capaz de "apagar" pessoas que, a princípio, teriam tudo para se destacar.

Aumentando Sua Produtividade
Autor: Kurt Hanks
Preço: R$ 19,00/Págs. 136/Formato: 20,5 x 25,5 cm.
ISBN: 85-7303-025-9
Sinopse: Esta não é uma obra convencional sobre administração de empresas. Ela é uma ferramenta que ajudará o leitor a melhorar sua produtividade, fazendo com que os líderes achem soluções onde antes só havia incertezas, ou escuridão e desemprego.

Navegador de Mudanças, O
Autor: Kurt Hanks
Preço: R$ 22,00/Págs. 152/Formato: 20,5 x 25,5 cm.
ISBN: 85-7303-153-0
Sinopse: Neste livro, o autor apresenta um método que desenvolveu para ajudar as pessoas a modificarem suas atitudes e responder de forma mais eficaz às mudanças. Hanks afirma que a maioria das pessoas nunca vê realmente o que está acontecendo, apenas olha fixamente para suas noções preconcebidas e reações anteriores, e vê somente como as coisas deveriam ser, ao invés de como realmente são.

Como Acalmar Clientes Irritados
Autora: Rebecca L. Morgan
Preço: R$ 16,00/Págs. 104/Formato: 20,5 x 25,5 cm.
ISBN: 85-7303-237-5
Sinopse: Este título integra a **Série Crisp 50 Minutos**, destinada ao auto-treinamento e à preparação de equipes. Escrito de forma simples e com muitas ilustrações, o livro permite uma leitura rápida e traz uma série de exercícios que ajudam o leitor a medir o grau de compreensão do texto e a avaliar seu comportamento no atendimento aos clientes.

Cortesia ao Telefone e Atendimento ao Cliente
Autor: Lloyd C. Finch
Preço: R$ 16,00/Págs. 80/Formato: 20,5 x 25,5 cm.
ISBN: 85-7303-215-4
Sinopse: Esta obra ensina técnicas para um atendimento eficaz pelo telefone. Ciente de que prestar um atendimento de Qualidade ao cliente é a chave para o sucesso máximo de qualquer organização, o autor aborda desde a questão do tom da voz até as respostas e perguntas corretas na condução de uma venda.

Excelência no Atendimento a Clientes, A
Autor: Richard Gerson
Preço: R$ 16,00/Págs. 102/Formato: 20,5 x 25,5 cm.
ISBN: 85-85360-97-6
Sinopse: Esta obra ensina os empreendedores de todos os portes a transformar os serviços de atendimento a clientes em serviços de manutenção de clientes. O autor mostra que muitas empresas compreendem o custo de obter um cliente, mas não entendem o custo de perdê-lo. É uma ferramenta indispensável àqueles que desejam assegurar a competitividade de seus negócios, encantando os clientes.

Satisfação do Cliente – A Outra Parte do Seu Trabalho
Autor: Dru Scott
Preço: R$ 16,00/Págs. 128/Formato: 20,5 x 25,5 cm.
ISBN: 85-85360-96-8
Sinopse: O livro estimula as pessoas a trabalharem como parceiras dentro das organizações, para beneficiar os clientes dela. A autora mostra que a organização que satisfaz seus clientes ganha direito à sobrevivência, tem equipes motivadas e obtém o máximo retorno do seu investimento.

**Entre em sintonia
com o mundo**

**QualityPhone:
0800-263311**
Ligação gratuita

Rua Teixeira Júnior, 441
São Cristóvão
20921-400 – Rio de Janeiro – RJ
Tel.: (0XX21) 3860-8422
Fax: (0XX21) 3860-8424

www.qualitymark.com.br
E-Mail: quality@qualitymark.com.br

Dados Técnicos	
Formato:	20,5 x 25,5
Mancha:	16,7 x 22
Corpo:	11
Entrelinhamento:	13
Fonte:	Times New Roman
Total de páginas:	104